Reihe Rechtswissenschaft
Band 167

Normvertretende Absprachen

Zugleich ein Beitrag zur Lehre vom Rechtsverhältnis

Ulrich Dempfle

Centaurus Verlag & Media UG 1994

Die Deutsche Bibliothek – CIP-Einheitsaufnahme

Dempfle, Ulrich:
Normvertretende Absprachen : zugleich ein Beitrag zur Lehre
vom Rechtsverhältnis / Ulrich Dempfle. – Pfaffenweiler :
Centaurus-Verl.-Ges., 1994
   (Reihe Rechtswissenschaft ; 167)
   Zugl.: Trier, Univ., Diss., 1993
   ISBN 978-3-89085-918-7   ISBN 978-3-86226-441-4 (eBook)
   DOI 10.1007/978-3-86226-441-4
NE: GT

ISSN 0177-2805

© *CENTAURUS-Verlagsgesellschaft mit beschränkter Haftung, Pfaffenweiler 1994*

Satz: Vorlage des Autors

Meiner Frau
und
meinen Eltern

Vorwort

Die Arbeit wurde im Sommersemester 1993 vom Fachbereich Rechtswissenschaft der Universität Trier als Dissertation angenommen.

Mein Dank gilt in erster Linie Herrn Prof. Dr. Rudolf Wendt, der die Arbeit angeregt und betreut hat. Danken möchte ich auch Herrn Prof. Dr. Meinhardt Schröder, der sich kurzfristig als Zweitgutachter zur Verfügung gestellt hat. Dank gilt auch meinen ehemaligen Kollegen am Lehrstuhl, insbesondere Herrn Ass.-Jur. Jürgen Backes, sowie Frau Ingrid Schmitz und Frau Petra Schomacker für die gewährte Unterstützung bei den Schreibarbeiten. Besonderer Dank gilt meiner Frau und meinen Eltern, ohne deren Unterstützung ich diese Arbeit nicht geschrieben hätte.

Köln, im Dezember 1993

Ulrich Dempfle

Gliederung

Literaturverzeichnis

Achter, Viktor N., Die prozessual bedeutsame Konkretisierung eines Rechtszustandes zum Rechtsverhältnis im öffentlichen Recht, Diss. Bochum, 1966.

Achterberg, Norbert, Die Rechtsordnung als Rechtsverhältnis-ordnung, Berlin, 1982.

ders., Die Annexkompetenz, DÖV 1966, 695 ff.

ders., Rechtsverhältnisse als Strukturelemente der Rechtsordnung, Rechtstheorie Bd. 9 (1978), 385 ff.

Amelung, Knut, Die Einwilligung in die Beeinträchtigung eines Grundrechtsgutes, Berlin, 1981.

Bachof, Otto, Über öffentliches Recht, in: Verwaltungsrecht zwischen Freiheit, Teilhabe und Bindung, Festgabe aus Anlaß des 25-jährigen Bestehens des Bundesverwaltungsgerichts, München, 1978, S. 1 ff.

ders., Die Dogmatik des Verwaltungsrechts vor den Gegenwartsaufgaben der Verwaltung, VVDStRL 30 (1972), 193 ff.

Badura, Peter, Staatsrecht, München, 1986.

Bahntje, Udo, Gentlemen`s Agreement und abgestimmtes Verhalten, Königstein/Ts., 1982.

Battis, Ulrich, Allgemeines Verwaltungsrecht, Heidelberg, 1985.

Baudenbacher, Carl, Kartellrechtliche und verfassungsrechtliche Aspekte gesetzesersetzender Vereinbarungen zwischen Staat und Wirtschaft, JZ 1988, 689 ff.

Bauer, Hartmut, Subjektive öffentliche Rechte des Staates, DVBl. 1986, 208 ff.

ders., Informelles Verwaltungshandeln im öffentlichen Wirtschaftsrecht, VerwArch 78 (1987), 241 ff.

Baumann, Hans, Rechtsprobleme freiwilliger Selbstbeschränkung, Diss. Tübingen, 1978.

Becker, Jürgen, Handlungsformen der Verwaltung gegenüber der Wirtschaft, JA 1986, 359 ff.

ders., Informales Verwaltungshandeln zur Steuerung wirtschaftlicher Prozesse im Zeichen der Deregulierung, DÖV 1985, 1003 ff.

Bellstedt, Christoph, Bedürfen Subventionen gesetzlicher Grundlage?, DÖV 1961, 161 ff.

Bettermann, Karl August, Legislative ohne Posttarifhoheit. Beiträge zu Art. 80 GG, Frankfurt a. M./Berlin, 1967.

Beyer, Wolfgang, Der öffentlich-rechtliche Vertrag, informales Handeln der Behörden und Selbstverpflichtungen Privater als Instrumente des Umweltschutzes, Diss. Köln, 1986.

Beyerlin, Ulrich, Die Schutzpflicht der Verwaltung gegenüber dem Bürger außerhalb des formellen Verwaltungsverfahrens, NJW 1987, 2713 ff.

Biedenkopf, Kurt H., Zur Selbstbeschränkung auf dem Heizölmarkt, BB 1966, 1113 ff.

Birk, Dieter, Normsetzungsbefugnis und öffentlich-rechtlicher Vertrag, NJW 1977, 1797 ff.

Blankennagel, Alexander, Folgenlose Rechtswidrigkeit öffentlich-rechtlicher Verträge?, VerwArch 76 (1985), 279 ff.

Bleckmann, Albert, Probleme des Grundrechtsverzichts, JZ 1988, 97 ff.

ders., Europarecht, 4. Aufl., Köln/Berlin/Bonn/München, 1985.

Bohne, Eberhard, Der informale Rechtsstaat, Berlin, 1981.

ders., Privatisierung des Staates - Absprachen zwischen Industrie und Regierung in der Umweltpolitik, JbRSoz 1982, 266 ff.

ders., Informales Verwaltungs- und Regierungshandeln als Instrument des Umweltschutzes, VerwArch 75 (1984), 343 ff.

Breuer, Rüdiger, Umweltschutz, in: v. Münch, Ingo, Besonderes Verwaltungsrecht, 8. Aufl., Berlin/New York, 1988, S. 601 ff.

Bremer, Heinz, Die Börsensachverständigenkommission: 1968-1975, Aufgaben und Ergebnisse, Berlin, 1976.

Brohm, Winfried, Plangewährleistungsrechte, Jura 1986, 617 ff.

Brossette, Josef, Der Wert der Wahrheit im Schatten des Rechts auf informationelle Selbstbestimmung, Diss. Trier, 1991.

Bulling, Manfred, Kooperatives Verwaltungshandeln (Vorverhand-lungen, Arrangements, Agreements und Verträge) in der Verwaltungspraxis, DÖV 1989, 277 ff.

Bullinger, Martin, Vertrag und Verwaltungsakt, res publica Bd. 9, Stuttgart, 1962.

ders., Öffentliches Recht und Privatrecht, res publica Bd. 17, Stuttgart, 1968.

Bussfeld, Klaus, Zum Verzicht im öffentlichen Recht am Beispiel des Verzichts auf eine Fahrerlaubnis, DÖV 1976, 765 ff.

Canaris, Claus-Wilhelm, Die Vertrauenshaftung im deutschen Privatrecht, München, 1971.

Christ, Egon, Die Verwaltung zwischen öffentlichem und privatem Recht, Frankfurt a. M., 1984.

Creifelds, Carl, Rechtswörterbuch, 9. Aufl., München, 1987.

Degenhardt, Christoph, Staatsrecht I, 4. Aufl., Heidelberg, 1988.

Dolde, Klaus-Peter, Behördliche Warnungen vor nicht verkehrs-fähigen Lebensmitteln, Bonn, 1988.

Dörinkel, Wolfram, Zur kartellpolitischen Lage in der Bundes-republik, WuW 1966, 933 ff.

Ebel, Wilhelm, Geschichte der Gesetzgebung in Deutschland, Hannover, 1958.

Eberle, Carl-Eugen, Gesetzesvorbehalt und Parlamentsvorbehalt, DÖV 1984, 485 ff.

ders., Arrangements im Verwaltungsverfahren, Die Verwaltung 17 (1984), 439 ff.

Ehlers, Dirk, Rechtsverhältnisse in der Leistungsverwaltung, DVBl. 1986, 912 ff.

Erichsen, Hans-Uwe, Das Verwaltungshandeln, in: Erichsen/Martens, Allgemeines Verwaltungsrecht, 8. Aufl., Berlin/New York, 1988, S. 137 ff.

ders., Staatsrecht und Verfassungsgerichtsbarkeit, 3. Aufl., München, 1982.

ders., Schule und Parlamentsvorbehalt, in: FS zum 125jährigen Bestehen der juristischen Studiengesellschaft zu Berlin, 1984.

Erichsen, Hans-Uwe / Martens, Wolfgang, Allgemeines Verwaltungsrecht, 8. Aufl., Berlin/New York, 1988.

Everling, Ulrich, Umsetzung von Umweltrichtlinien durch norm-konkretisierende Verwaltungsanweisungen, RIW 1992, 379 ff.

Fiedler, Wilfried, Funktion und Bedeutung öffentlich-rechtlicher Zusagen im Verwaltungsrecht, Heidelberg, 1977.

Fikentscher, Wolfgang, Wirtschaftsrecht Bd. II, München, 1983.

ders., Schuldrecht, 7. Aufl., München, 1985.

Fleiner, Fritz, Institutionen des deutschen Verwaltungsrechts, 8. Aufl., Tübingen, 1928.

Fleiner-Gerster, Thomas, Rechtsverhältnisse in der Leistungsverwaltung, VVD-StRL 45 (1986), 152 ff.

Forsthoff, Ernst, Lehrbuch des Verwaltungsrechts, Bd. I, 10. Aufl., München, 1973.

ders., Anm. zu BVerwG, DVBl. 1957, 721 f.; DVBl. 1957, 724 ff.

Friauf, Karl Heinrich, Zur Rolle der Grundrechte im Interventions- und Leistungsstaat, DVBl. 1971, 674 ff.

Friauf Karl Heinrich / Wendt Rudolf, Eigentum am Unternehmen; Legitimation und Funktion des privaten Produktiveigentums in Rechtsprechung und Rechtslehre, Köln, 1977.

Gallwas, Hans Ulrich, Faktische Beeinträchtigungen im Bereich der Grundrechte, Berlin, 1970.

Götz, Volkmar / Klein, Hans-Hugo / Starck, Christian, Die öffentliche Verwaltung zwischen Gesetzgebung und richterlicher Kontrolle, Göttinger Symposion, München, 1985.

Gotthold, Jürgen / Vieth, Reinhard, Erfüllung von öffentlichen Aufgaben durch Verhandlungen mit Privaten im Bereich der Wettbewerbspolitik, JbRSoZ 8 (1982), 282 ff.

Gröschner, Rolf, Anm. zu BVerwG, JZ 1991, S. 624 ff.; JZ 1991, 628 ff.

Grüter, Manfred, Umweltrecht und Kooperationsprinzip in der Bundesrepublik Deutschland, Diss. Trier, 1988

Gusy, Christoph, Der Vorrang des Gesetzes, JuS 1983, 189 ff.

Gutzler, Helmut, Umweltpolitik und Wettbewerb, Baden-Baden, 1981.

Häberle, Peter, Die Verfassung des Pluralismus, Königstein/Ts., 1980.

ders., Das Verwaltungsrechtsverhältnis, in: Das Sozialrechtsverhältnis, Schriften-reihe des deutschen Sozialrechtsverbandes, Bd. XVIII, 6 ff.

Hardach, Karl, Wirtschaftsgeschichte Deutschlands im 20. Jahrhundert, Göttin-gen, 1976.

Hartkopf, Günter / Bohne, Eberhard, Umweltpolitik 1, Opladen, 1983.

Haussherr, Hans, Wirtschaftsgeschichte der Neuzeit, 4. Aufl., Köln 1981.

Haeften v., Gerrit, in: Strupp, Karl / Schlochauer, Hans-Jürgen, Wörterbuch des Völkerrechts, Bd. 1, 2. Aufl., Berlin/New York, 1960.

Heimburg, von, Sibylle, Verwaltungsaufgaben durch Private, Berlin, 1982.

Heinz, Wolfgang, Rechtstatsachenforschung heute, Konstanz, 1986.

Heintzen, Markus, Hoheitliche Warnungen und Empfehlungen im Bundesstaat, NJW 1990, 1448 ff.

Herzog, Roman, Aufgaben des Bundesrates, in : Isensee, Josef / Kirchhof, Paul, Handbuch des Staatsrechts der Bundesrepublik Deutschland, Bd. II, 1987, S. 489 ff.

Hesse, Konrad, Grundzüge des Verfassungsrechts, 17. Aufl., Heidelberg, 1990.

Hettlage, Robert, Die Wirtschaft zwischen Zwang und Freiheit, Heidelberg, 1971.

Hill, Hermann, Rechtsverhältnisse in der Leistungsverwaltung, NJW 1986, 2602 ff.

Hoffmann-Riem, Wolfgang, Selbstbindungen der Verwaltung, VVDStRL 40 (1982), 187 ff.

Hohloch, Gerhard, Umweltprobleme und Weiterentwicklung des Rechtssystems, in: Symposium: Umweltprobleme als Herausforderung der Marktwirtschaft. Neue Ideen jenseits des Dirigismus (Hrsg: Wegehenkel, Lothar), Baden-Baden, 1983.

Honold, Sigbert, Das Gentlemen's Agreement und seine Bedeutung im Kartellrecht, Diss. Tübingen, 1962.

Hoppe, Werner, Staatsaufgabe Umweltschutz, VVDStRL 38 (1980), 211 ff.

Horstmann, Wolfgang, Selbstbeschränkungsabkommen und Kartellverbot, Frankfurt/Bern, 1977.

Huber, Hans, Niedergang des Rechts und Krise des Rechtsstaats, in: Demokratie und Rechtsstaat, Festgabe zum 60. Geburtstag von Z. Giacometti 1953, S. 59 ff.

Hübner, Klaus, Außerkartellrechtliche Einschränkungen des Kartellverbotes, Köln/Berlin/Bonn/München, 1971.

ders., Zur Genehmigung der Beschränkung der Fernsehwerbung für Zigaretten, NJW 1972, 1651 ff.

Immenga, Ulrich / Mestmäcker, Ernst-Joachim, Gesetz gegen Wettbewerbsbeschränkungen, GWB, Kommentar zum Kartellgesetz, München, 1981.

Immenga, Ulrich, Politische Instrumentalisierung des Kartellrechts, Tübingen, 1976.

Isensee, Josef, Die typisierende Verwaltung, Berlin, 1976.

Isensee, Josef / Kirchhof, Paul, Handbuch des Staatsrechts der Bundesrepublik Deutschland, Bd. I, Heidelberg, 1987; Bd. II, Heidelberg, 1987; Bd. III, Heidelberg, 1988.

Jarass Hans D. / Pieroth, Bodo, Grundgesetz für die Bundesrepublik Deutschland, Kommentar, 2. Aufl., München, 1992.

Jeserich, Kurt G. A. / Pohl, Hans / v. Unruh, Georg-Christoph, Deutsche Verwaltungsgeschichte, Bd. 1, Stuttgart, 1983; Bd. 5, Stuttgart, 1987.

Jonas, Friedrich, Staatliche Hilfen bei wirtschaftlichen Struktur-änderungen, Berlin, 1963.

Kaiser, Joseph H., Industrielle Absprachen im öffentlichen Interesse, NJW 1971, 585 ff.

Kirchhof, Ferdinand, Rechtspflicht zur Zusatzveröffentlichung kommunaler Normen, DÖV 1982, 397 ff.

Kirchhof, Paul, Verwalten durch mittelbares Einwirken, Köln/Berlin/Bonn/München, 1977.

ders., Mittel staatlichen Handelns, in : Isensee, Josef / Kirchhof, Paul, Handbuch des Staatsrechts der Bundesrepublik Deutschland, Bd. III, 1988, S. 121 ff.

Kloepfer, Michael, Staatsaufgabe Umweltschutz, DVBl. 1979, 639 ff.

ders., Umweltschutz und Wettbewerb, UPR 1981, 45.

ders., Umweltschutz als Kartellprivileg, JZ 1980, 781 ff.

ders., Der Vorbehalt des Gesetzes im Wandel, JZ 1984, 685 ff.

ders., Umweltrecht, München, 1988.

ders., Zu den neuen umweltrechtlichen Handlungsformen des Staates, JZ 1991, 737 ff.

Kölble, Josef, Zur Lehre von den - stillschweigend - zugelassenen Verwaltungszuständigkeiten des Bundes, DÖV 1963, 660 ff.

Kopp, Ferdinand O., Verwaltungsverfahrensgesetz, 5. Aufl., München, 1986.

Krause, Peter, Rechtsformen des Verwaltungshandelns, Berlin, 1974.

ders., Rechtsverhältnisse in der Leistungsverwaltung, VVDStRL 45 (1986), 212 ff.

Krautzberger, Michael, Die Erfüllung öffentlicher Aufgaben durch Private, Berlin, 1971.

Krüger, Herbert, Allgemeine Staatslehre, 2. Aufl., Stuttgart/Berlin/Köln/Mainz, 1966.

ders., Das wirtschaftspolitische Mitwirkungsverhältnis, Hamburg/Frankfurt a. M./Berlin, 1974.

ders., Von der Notwendigkeit einer freien und auf lange Sicht angelegten Zusammenarbeit zwischen Staat und Wirtschaft, Münster, 1966.

Kunig, Philip / Rublack, Susanne, Aushandeln statt Entscheiden ?, Jura 1990, 1 ff.

Lange, Klaus, Staatliche Steuerung durch offene Zielvorgabe im Lichte der Verfassung, VerwArch 82 (1991), 1 ff.

Lerche, Peter, Rechtsprobleme der wirtschaftslenkenden Verwaltung, DÖV 1961, 486 ff.

ders., Übermaß und Verfassungsrecht, Köln/Berlin/München/Bonn, 1961.

Lersner v., Heinrich, Verwaltungsrechtliche Instrumente des Umweltschutzes, Schriftenreihe der Jur. Gesellschaft Berlin, Heft 76, Berlin, 1983.

Lieberknecht, Otfried / Gnauk, Herbert, Zur kartellrechtlichen Beurteilung von Wettbewerbsverboten in Personengesellschaften, BB 1963, 1067 ff.

Löwer, Wolfgang, Rechtsverhältnisse in der Leistungsverwaltung, NVwZ 1986, 793 ff.

Loschelder, Wolfgang, Vom besonderen Gewaltverhältnis zur öffentlich-rechtlichen Sonderverbindung, Köln/Berlin/München/Bonn, 1982.

Lübbe=Wolff, Gertrude, Rechtsprobleme der behördlichen Umweltberatung, NJW 1987, 2705 ff.

Lütge, Friedrich, Deutsche Sozial- und Wirtschaftsgeschichte, 3. Aufl., Nachdruck Berlin 1976.

Mainka, Johannes, Vertrauensschutz im öffentlichen Recht, Diss. Bonn, 1963.

Mangoldt v., Hermann, / Klein, Friedrich, Grundgesetz Bd. I, München, 1957.

Markert, Kurt, Kartelle als Mittel staatlicher Wirtschaftsplanung, in: Planung IV (Hrsg.: Joseph A. Kaiser), Baden-Baden, 1970, S. 200.

Maunz, Theodor / Dürig, Günter, Grundgesetz, Loseblatt Kommentar, Stand 1989.

Maurer, Hartmut, Allgemeines Verwaltungsrecht, München, 6. Aufl. 1988.

Mayer, Otto, Deutsches Verwaltungsrecht Bd. 1, 3. Aufl., München, 1924.

Mayntz, Renate / Bohne, Eberhard / Derlien, Hans-Ulrich / Hesse, Beate / Hucke, Jochen / Müller, Axel, Vollzugsprobleme der Umweltpolitik, Stuttgart, 1978.

Menger, Christian-Friedrich, Probleme der Handlungsformen bei der Vergabe von Wirtschaftssubventionen - mitwirkungsbedürftiger Verwaltungsakt oder öffentlich-rechtlicher Vertrag, in: Raumplanung und Eigentumsordnung, Festschrift für Werner Ernst zum 70. Geburtstag, München 1980, S. 301 ff.

ders., Zum Koppelungsverbot bei öffentlich-rechtlichen Verträgen, VerwArch. 64 (1973), 203 ff.

Meyer, Hans / Borgs-Maciejewski, Hermann, Verwaltungsverfahrensgesetz, 2. Aufl., Frankfurt 1982.

Möbitz, Harmut, Die rechtliche Stellung des Bundes im Vertragswerk zur Neuordnung des Ruhrkohlebergbaus, Köln, 1972.

Moraw, Peter, Organisation und Funktion von Verwaltung im ausgehenden Mittelalter, in: Jeserich, Kurt G. A. /
Pohl, Hans / v. Unruh, Georg-Christoph, Deutsche Verwaltungsgeschichte, Bd. 1. Stutgart 1983, S. 21 ff.

Müggenborg, Hans-Jürgen, Formen des Kooperationsprinzips im Umweltrecht der Bundesrepublik Deutschland, NVwZ 1990, 909 ff.

Müller, Heinz / Gießler, Peter / Scholz, Ulrich, Wirtschaftskommentar, Gesetz gegen Wettbewerbsbeschränkungen, Bd. I, 4. Aufl., Frankfurt, 1981.

Müller-Henneberg, Hans / Schwartz, Gustav / Benisch, Werner, Gesetz gegen Wettbewerbsbeschränkungen und Europäisches Kartellrecht, Kommentar, 4. Aufl., Köln, 1980.

Müller, Friedrich / Pieroth, Bodo, Politische Freiheitsrechts der Rundfunkmitarbeiter, Berlin, 1976.

Münch v., Ingo, Besonderes Verwaltungsrecht, 8. Aufl, Berlin/New York, 1988.

ders., Verwaltung und Verwaltungsrecht im demokratischen und sozialen Rechtsstaat, in: Erichsen/Martens, Allgemeines Verwaltungsrecht, 8. Aufl. 1988, S. 1 ff.

Münchener Kommentar zum Bürgerlichen Gesetzbuch, Bd. 2, 2. Aufl., München, 1985.

Oebbecke, Janbernd, Die staatliche Mitwirkung an gesetzesabwendenden Vereinbarungen, DVBl. 1986, 793 ff.

Oldiges, Martin, Grundlagen eines Plangewährleistungsrechts, Bad Homburg/Berlin/Zürich, 1970.

ders., Staatlich inspirierte Selbstbeschränkungsabkommen der Privatwirtschaft, WiR 1973, 1 ff.

Ossenbühl, Fritz, Die Zustimmung des Bundesrates beim Erlaß von Bundesrecht, AöR 99 (1974), 369 ff.

ders., Die Handlungsformen der Verwaltung, JuS 1979, 681 ff.

ders., Umweltpflege durch behördliche Warnungen und Empfehlungen, Köln/Berlin/Bonn/München, 1986.

ders., Staatshaftungsrecht, 4. Aufl., München 1991.

ders., Zur Staatshaftung bei behördlichen Warnungen vor Lebensmitteln, ZHR 1991, 329 ff.

Ossenbühl Fritz / Gallwas, Hans Ulrich, Die Erfüllung von Verwaltungsaufgaben durch Private, VVDStRL 29 (1971), 137 ff.

Ossenbühl Fritz / Papier, Hans-Jürgen, Der Vorbehalt des Gesetzes und seine Grenzen, in: Götz, Volkmar / Klein, Hans-Hugo / Stark, Christian, Göttinger Symposion 1985, S. 9 ff.

Öhlinger, Theo, Rechtsverhältnisse in der Leistungsverwaltung, VVDStRL 45 (1986), 182 ff.

Paetzold, Hartmut, Die Abgrenzung von allgemeinem und besonderem Gewalt-verhältnis, Diss. Hamburg, 1972.

Pestalozza, Christian Graf, Formenmißbrauch des Staates, München, 1973.

Philipp, Renate, Staatliche Verbraucherinformationen im Umwelt- und Gesund-heitsrecht, Berlin, 1989.

Pieroth, Bodo / Schlink, Bernhard, Staatsrecht II, Grundrechte, 5. Aufl., Heidel-berg, 1990.

Pietzcker, Jost, Vorrang und Vorbehalt des Gesetzes, JuS 1979, 710 ff.

Quaritsch, Helmut, Über formelle und informelle Wege der Entscheidung, in: "Öffentlicher Dienst", Festschrift für Carl-Hermann Ule zum 70. Geburtstag, Köln, 1977, S. 135 ff.

Ramsauer, Ulrich, Die faktischen Beeinträchtigungen des Eigentums, Berlin, 1980.

Rengeling, Hans-Werner, Das Kooperationsprinzip im Umweltrecht, Köln, 1988.

Richter, Lutz, Das subjektive öffentliche Recht, AöR n. E., 8 (1925), 1 ff.

Rieger, Harald, Das Problem der Güterabwägung bei der Anwendung des Kartellverbots, Diss. Frankfurt a. M., 1967.

Ritter, Ernst-Hasso, Der kooperative Staat, AöR 104 (1979), 389 ff.

Robbers, Gerhard, Der Grundrechtsverzicht, JuS 1985, 925 ff.

Romatka, Georg, Selbstbeschränkung der Heilmittelwerbung in Printmedien, AfP 1983, 249 ff.

Ronellenfitsch, Michael, Die Durchsetzung staatlicher Entschei-dungen als Verfassungsproblem, in: Umwelt, Verfassung, Ver-waltung, Veröffentlichungen des Instituts für Energierecht der Universität Köln, Baden-Baden, 1982, S. 13 ff.

Rottmann, Frank, Der Vorbehalt des Gesetzes und die grundrechtlichen Gesetzesvorbehalte, EuGRZ 1985, 271 ff.

Rüfner, Wolfgang, Unternehmen und Unternehmer in der verfassungs-rechtlichen Ordnung der Wirtschaft, DVBl. 1976, 689 ff.

Rupp, Hans-Heinrich, Grundfragen der heutigen Verwaltungsrechtslehre, Tübingen, 1965.

ders., Formenfreiheit der Verwaltung und Rechtsschutz in: Verwaltungsrecht zwischen Freiheit, Teilhabe und Bindung, Festgabe aus Anlaß des 25jährigen Bestehens des Bundes-verwaltungsgerichts, München, 1978, S. 539 ff.

Sachs, Michael, "Volenti non fit iniuria", Zur Bedeutung des Willens des Betroffenen im Verwaltungsrecht, VerwArch 76 (1985), 398 ff.

Schellack, Ruediger, Die Selbstbeschränkung der Mineralölwirtschaft, Diss. Freiburg i. Br., 1968.

Schenke, Wolf-Rüdiger, Gewährleistung bei Änderung staatlicher Wirtschaftsplanung, AöR 101 (1976), 332 ff.

ders., Der rechtswidrige Verwaltungsvertrag nach dem Verwaltungsverfahrensgeetz, JUS 1977, 281 ff.

Scherer, Joachim, Rechtsprobleme normersetzender "Absprachen" zwischen Staat und Wirtschaft am Beispiel des Umweltrechts, DÖV 1991, 1 ff.

Scherzberg, Arno, Grundrechtsschutz und Eingriffsintensität, 1989.

Scheuner, Ulrich, Die neuere Entwicklung des Rechtsstaates in Deutschland, in: Hundert Jahre Deutsches Rechtsleben, Festschrift zum hunderjährigen Bestehen des deutschen Juristentages 1860 - 1960, Bd. 2, Karlsruhe, 1960, S. 229 ff.

Schimpf, Christian, Der verwaltungsrechtliche Vertrag unter besonderer Berücksichtigung seiner Rechtswidrigkeit, Berlin, 1982.

Schlarmann, Josef, Die kartellrechtliche Behandlung von Selbstbeschränkungsabkommen, NJW 1971, 1394 ff.

Schmidt, Detlef, Die Unterscheidung von privatem und öffentlichen Recht, Diss. Göttingen, 1984.

Schmidt-Aßmann, Eberhard, Der Rechtsstaat, in: Isensee, Josef / Kirchhof, Paul, Handbuch des Staatsrechts der Bundesrepublik Deutschland, Bd. I, 1987, S. 987 ff.

ders., Verwaltungsverfahren, in: Isensee, Josef / Kirchhof, Paul, Handbuch des Staatsrechts der Bundesrepublik Deutschland, Bd. III, 1988, S. 623 ff.

Schmidt-Bleibtreu, Bruno / Klein, Franz, Kommentar zum Grundgesetz für die Bundesrepublik Deutschland, 7. Aufl., Neuwied und Frankfurt a. M., 1990.

Schnapp, Friedrich E., Das Rechtsverhältnis, DÖV 1986, 811 ff.

ders., Hans Kelsen und die Einheit der Rechtsordnung, Rechtstheorie, Beiheft 5, 1984, 381 ff.

Schoch, Friedrich, Staatliche Informationspolitik und Berufs-freiheit, in: DVBl. 1991, S. 667 ff.

Schüssler, Hans, Wann sind private Selbstbeschränkungsabkommen zulässig?, NJW 1962, 2275 ff.

Schulte, Martin, Informales Verwaltungshandeln als Mittel staat-licher Umwelt- und Gesundheitspflege, DVBl. 1988, 512 ff.

Schulze-Fielitz, Helmut, Der informale Verfassungsstaat, Berlin, 1984.

Schwabe, Juergen, Probleme der Grundrechtsdogmatik, Darmstadt, 1977.

Schwerdtner, Peter, Der Ersatz des Verlusts des Schadensfrei-heitsrabatts in der Haftpflichtversicherung, NJW 71, 1673 ff.

Selmer, Peter, Steuerinterventionismus und Verfassungsrecht, Frankfurt a. M., 1972.

Smend, Rudolf, Ungeschriebenes Verfassungsrecht im monarchischen Bundesstaat. in: Festgabe für Otto Mayer zum 70. Geburtstag, Tübingen, 1916, S. 247 ff.

Sodan, Hellge., Gesundheitsbehördliche Informationstätigkeit und Grundrechts-schutz, DÖV 1987, 858 ff.

Stein, Ekkehard, Der Verwaltungsvertrag und die Gesetzmäßigkeit der Verwaltung, AöR 86 (1961), 320 ff.

Steiner, Udo, Öffentliche Verwaltung durch Private, Hamburg, 1975.

Stern, Klaus, Das Staatsrecht der Bundesrepublik Deutschland, Bd. 1, 2. Aufl., München, 1984.

ders., Das Staatsrecht der Bundesrepublik Deutschland, Bd. 2, München, 1980.

Strupp, Karl / Schlochauer, Hans-Jürgen, Wörterbuch des Völkerrechts, Bd. 1, 2. Aufl., Berlin/New York 1960.

Töpfer, Klaus, Umweltschutz und Wirtschaft, Umwelt (Informationen des Bundesministers für Umwelt, Naturschutz und Reaktor-sicherheit), 1992, 101 ff.

Tuchtfeldt, Egon, Gentlemen's Agreements als Instrument der Schweizer Geldpolitik, in: Geldtheorie und Geldpolitik, Festschrift für Günter Schmölders, Berlin, 1968, S. 138 ff.

Vedder, Christoph, Die TA Luft vor dem EuGH, EWS 1991, 293 ff.

Wallerath, Maximilian, Allgemeines Verwaltungsrecht, 3. Aufl., 1985.

Weber-Dürler, Beatrice, Vertrauensschutz im öffentlichen Recht, Basel u.a., 1983.

Wendt, Rudolf, Der Garantiegehalt der Grundrechte und das Übermaßverbot, Zur maßstabsetzenden Kraft der Grundrechte in der Übermaßprüfung, AöR 104 (1979), 414 ff.

ders., Die Gebühr als Lenkungsmittel, Hamburg, 1975.

Werner, Walter, Selbstbeschränkungsabkommen im Außenhandel, Diss. Münster, 1983.

Westrick, Klaus / Loewenheim, Ulrich, Gesetz gegen Wettbewerbsbeschränkungen, Kommentar, 4. Aufl., Herne/Berlin, 1977.

Wiethölter, Rudolf, Rechtswissenschaft, Frankfurt a. M., 1968.

Winter, Gerd, Bevölkerungsrisiko und subjektives öffentliches Recht im Atom-
recht, NJW 1979, 393 ff.

Wolff, Hans J. / Bachof, Otto, Verwaltungsrecht I, 9. Aufl., München, 1974.

dies., Verwaltungsrecht II, 4. Aufl., München, 1976.

Wolff, Hans J. / Bachof, Otto / Stober Rolf, Verwaltungsrecht II, 5. Aufl., München, 1987.

Zezschwitz v., Friedrich, Wirtschaftsrechtliche Lenkungstechniken, JA 1978,
497 ff.

ders., Rechtsstaatliche und prozessuale Probleme des Verwaltungs-
privatrechts, NJW 1983, 1877 ff.

Abkürzungsverzeichnis

Amelung, Die Einwilligung	Amelung, Knut, Die Einwilligung in die Beeinträchtigung eines Grundrechtsgutes.
Beyer, Der öffentlich-rechtliche Vertrag	Beyer, Wolfgang, Der öffentlich-rechtliche Vertrag, informales Handeln der Behörden und Selbstverpflichtungen Privater als Instrumente des Umweltschutzes.
Grüter, Kooperationsprinzip	Grüter, Manfred, Umweltrecht und Kooperationsprinzip in der Bundesrepublik Deutschland.
Isensee/Kirchhof, Handbuch des deutschen Staatsrechts	Isensee, Josef / Kirchhof, Paul, Handbuch des Staatsrechts der Bundesrepublik Deutschland.
Rengeling, Kooperationsprinzip	Rengeling, Hans-Werner, Das Kooperationsprinzip im Umweltrecht.
Rspr. GH	Rechtsprechung des Europäischen Gerichtshofes.
Umwelt	Umwelt, Informationen des Bundesministers für Umwelt, Naturschutz und Reaktorsicherheit.
WuW/E	Wirtschaft und Wettbewerb, Entscheidungssammlung zum Kartellrecht.

A. Einleitung

Bis vor wenigen Jahren wurde in der Rechtswissenschaft staatliches Handeln überwiegend unter dem Gesichtspunkt der durch Gesetz vorgesehenen und zugelassenen
Handlungsformen betrachtet[1]. Zunehmend hat sich in den letzten Jahren die
Erkenntnis Bahn gebrochen, daß modernes Staatshandeln in einem hochtechni-
sierten, komplizierten Industriestaat sehr stark auch von informalen, nicht ausdrücklich gesetzlich zugelassenen Handlungsformen geprägt ist[2]. Es soll sogar empirisch
gesicherte Erkenntnis sein, daß informales Verhalten notwendige Folge
formalisierter Vorgänge ist[3]. Informale Beziehungen zwischen dem Staat und der
Gesellschaft treten auf so vielfältigen Ebenen und in so vielfältigen Formen auf, daß
sie nicht mit dem Anspruch auf Vollständigkeit behandelt werden können[4]. Daher
beschränkt sich die vorliegende Arbeit auf die Untersuchung der rechtlichen Qualität
sogenannter normvertretender Absprachen[5] zwischen Staat und Gesellschaft.
Ausgeklammert werden u.a. die normvollziehenden Absprachen, die sogenannten

---

1   Vgl. hierzu z.B. *Krause*, Rechtsformen des Verwaltungshandelns; *Rupp*, Formenfreiheit
     der Verwaltung und Rechtsschutz, in: Festgabe aus Anlaß des 25jährigen Bestehens des
     Bundesverwaltungsgerichts, S. 539 ff.; *Ossenbühl*, Handlungsformen der Verwaltung;
     selbst *Pestalozza* beschreibt in seinem Buch "Formenmißbrauch des Staates" nur die
     Verwendung falscher, aber formal zugelassener Wege.
2   Vgl. hierzu begriffsbildend *Bohne*, Der informale Rechtsstaat; *Schulze-Fielitz*, Der infor-
     male Verfassungsstaat; *Bauer*, VerwArch 78 (1987), 241 ff.; *Ritter*, AöR 104 (1979), 389
     ff.; jeweils mit vielen weiteren Nachweisen; vgl. auch den Überblick über die staatlichen
     Handlungsformen bei *Becker*, JA 1986, 359 f.; und aus dem neueren Schrifttum *Kloepfer*,
     JZ 1991, 737 ff.; *Scherer*, DÖV 1991, 1 ff.; sowie *Müggenborg*, NVwZ 1990, 909 ff.
3   Vgl. *Bohne*, Der informale Rechtsstaat, S. 116; ders., VerwArch 75 (1984), 343 (372).
4   Vgl. *Schulze-Fielitz*, Der informale Verfassungsstaat, S. 66.
5   Ein Teil der Literatur bezeichnet diese Absprachen auch als normsetzend; vgl. hierzu
     Kloepfer, JZ 1991, 737 (740), der den regulativen Charakter derartiger Absprachen
     betont.

1

Vorverhandlungen bzw. Vorabzuleitungen[6] sowie die staats bzw. verwaltungsinternen informalen Vorgehensweisen[7].

Diese Arbeit hat sich zum Ziel gesetzt, zunächst die verschiedenen Erscheinungsformen normvertretender Absprachen zwischen Staat und Gesellschaft darzustellen, sie anschließend auf ihre rechtliche Verbindlichkeit hin zu untersuchen, des weiteren ihre Grenzen zu verdeutlichen und Rechtsschutzmöglichkeiten aufzuzeigen. Dabei wird sich insbesondere die Rechtsverhältnislehre als fruchtbringend erweisen.

B. Verwaltungswissenschaftliche Analyse

I. Beispiele

Eine zusammenfassende und fortlaufende Dokumentation der bisher geschlossenen normvertretenden Absprachen gibt es nicht. Es wird - nur bezogen auf das Gebiet des Umweltrechts - gesagt, daß niemand überblicken könne, wieviele es sind[8].

Nachfolgend werden zunächst aus der Literatur bereits bekannte und als normvertretend bezeichnete Absprachen in historischer Reihenfolge ohne Anspruch auf Vollständigkeit dargestellt. In einem weiteren Schritt wird zu klären sein, ob diese Absprachen als normvertretende zu bewerten sind. Ebenso wird der Frage nachzugehen sein, ob und gegebenenfalls wie eine Systematisierung, wie sie z.B. *v. Zezschwitz*[9] vorgenommen hat, erfolgen kann.

---

6   Hierzu umfassend *Bohne*, Der informale Rechtsstaat, S.105 ff.; des weiteren *Bulling*, DÖV 1989, 277 ff.; *Kloepfer*, Umweltrecht, § 4 D VII; *Kunig/Rublack*, Jura 1990, 1 ff.

7   Vgl. hierzu z.B. *Quaritsch*, Über formelle und informelle Wege der Entscheidung, in: Festschrift für Ule, S. 135 ff.; umfassend *Schulze-Fielitz*, Der informale Verfassungsstaat.

8   So ausdrücklich *Müggenborg*, NVwZ 1990, 909 (914).

9   *v. Zezschwitz*, JA 1978, 497 (499).

1. *"Kohle-Erdölkartell", 1958*[10]

Als Folge der Kohleabsatzkrise der Jahre 1957 - 1959 bildeten drei Bergbauunternehmen und fünf Mineralölerzeuger aufgrund massiver staatlicher Einflußnahme ein sogenanntes Konjunkturkrisenkartell gem. §§ 8, 44 Abs. 1 Ziff. 2 GWB. In diesem Abkommen legten die beteiligten Firmen Kartellpreise für Heizöl fest und vereinbarten, Preislisten zu veröffentlichen, sich gegenseitig nicht zu unterbieten und keine neuen Abnehmer ohne staatliche Genehmigung zu werben. Das Abkommen scheiterte, da Außenseiter die Kartellpreise stark unterboten, und wurde von den Mineralölkonzernen im Jahre 1959 gekündigt.

2. *"Heizöl-Selbstbeschränkungsabkommen", 1964*[11]

Dieses "Abkommen" bestand aus gleichlautenden Verpflichtungen von ca. 85% der deutschen Mineralölunternehmen gegenüber dem Bundesminister für Wirtschaft. Jedes Unternehmen verpflichtete sich, bestimmte Kartell-Listenpreise einzuhalten, den Absatz von Heizöl nicht über einen bestimmten auszuhandelnden Gesamtumfang hinaus auszuweiten und Angebote an Stromerzeuger nur mit Genehmigung des Bundesministers für Wirtschaft zu machen. Das Abkommen wurde unter Beteiligung des Bundesministers für Wirtschaft ausgehandelt, die Bundesregierung setzte die beteiligten Unternehmen stark unter Druck. So erklärte der Bundeswirtschaftsminister im Bundestag am 13.1.1964, daß der Bundeskanzler von den Mineralölunternehmen Rücksicht auf die Steinkohle erwarte und daß "die Bundesregierung fest entschlossen ist, in die Entwicklung des Mineralölmarktes einzugreifen, wenn sich die Erwartungen nicht erfüllen"[12]. Die Durchführung des Abkommens sicherte die Bundesregierung durch verschiedene Maßnahmen zur Verhinderung des Unterbietens der Kartellpreise durch Außenseiter ab[13].

---

10 Vgl. hierzu *Schellack*, Die Selbstbeschränkung der Mineralölwirtschaft; *v. Zezschwitz*, JA 1978, 497 (498).

11 Vgl. hierzu *Schellack*, a.a.O.; *Biedenkopf*, BB 1966, 1113 ff.; *v. Zezschwitz*, JA 1978, 497 (498).

12 Vgl. BT-Protokoll IV/S.7253.

13 Vgl. hierzu ausführlich *Schellack*, a.a.O., S. 41 ff.; *v. Zezschwitz*, JA 1978, 497 (499).

3. *"Warenhausbau-Beschränkungsabkommen", 1965*

Die Bundesregierung erklärte im Jahre 1965 in ihrer Stellungnahme zu einem Bericht des Bundeskartellamtes, daß der Gesetzgeber Gegenmaßnahmen gegen die in den 60er Jahren zunehmende Expansion von Warenhäusern ergreifen müsse, damit "unerwünschte Veränderungen der Marktstruktur" unterbunden würden[14]. Nach entsprechenden Verhandlungen gaben elf Warenhausunternehmen gegenüber dem Bundesminister für Wirtschaft eine Erklärung ab, daß sie bis 1968 auf eine weitere Expansion in Mittelstädten verzichten würden. Die beteiligten Unternehmen werteten dies als eine "Äußerung unter ehrbaren Kaufleuten"[15]. Das Abkommen wurde eingehalten, führte jedoch wegen der starken Expansion der Verbrauchermärkte nicht zum gewünschten Erfolg.

4. *Vereinbarungen zur Gründung der* Ruhrkohle AG, *1968*

Seit 1967 fanden Gespräche zwischen dem Bund, dem Land Nordrhein-Westfalen, den Saar-Bergbau-Gesellschaften und den Ruhr-Bergbau-Gesellschaften über eine Neuordnung der Bergbaugesellschaften statt[16]. Während diese Gespräche noch andauerten, erließ der Gesetzgeber das Kohleanpassungsgesetz vom 19.5.1968[17], das den als Bundesoberbehörde eingesetzten Bundesbeauftragten für den Ruhrkohlebergbau ermächtigte, den Bergbauunternehmen, die keine optimale Unternehmensgröße besaßen, die staatlichen Förderungsmittel zu entziehen. Unter dem Druck dieses Gesetzes einigten sich die Beteiligten am 14.6.1968 im sogenannten "Bonner Papier" auf die Grundzüge der Gründung der Ruhrkohle AG als Gesamtgesellschaft im Sinne von § 18 Abs. 2 Kohleanpassungsgesetz. In dieser Vereinbarung wurde eine Frist zum Beitritt zur Ruhrkohle AG bis zum 15.9.1968 gesetzt; die Bundesregierung verpflichtete sich, sich für die Tilgung der Einbringungsforde-

---

14   Vgl. BT-Drs. V/530, S. 2.

15   Vgl. FAZ vom 31.7.1965.

16   Vgl. hierzu *Möbitz*, Die rechtliche Stellung des Bundes im Vertragswerk zur Neuordnung des Ruhrkohlebergbaus, S. 2 ff.

17   BGBl. I, S. 365.

rungen der Gründungsgesellschaften, die nach 20 Jahren erfolgen sollte, zu verbür-
gen. Aufgrund dieser Vereinbarung wurde der Ruhrkohle AG-Gründungsvertrag geschlossen, der dazu führte, daß innerhalb des nächsten Jahres 94 % der Kohle-
förderung im Ruhrgebiet von der Ruhrkohle AG erfaßt waren.

5. "Zigarettenwerbebeschränkungen" 1966, 1970, 1971

Anfang der 60er Jahre versuchte die Bundesregierung, die Zigarettenindustrie zu
einer Einschränkung der Zigarettenwerbung zu bewegen, da nach Ansicht des
Bundesgesundheitsministeriums gegen gesetzliche Werbebeschränkungen verfassungsrechtliche Bedenken im Hinblick auf Art. 3 Abs. 1 GG bestanden[18]. Daraufhin
vereinbarten die beteiligten Unternehmen im Jahre 1966 "Richtlinien für die
Werbung auf dem deutschen Zigarettenmarkt", die in den Jahren 1970 und 1971 er-
weitert wurden. Die Bereitschaft auf seiten der Unternehmen, das Abkommen zu
erweitern, wurde von der Bundesregierung durch einen Novellierungsentwurf zu §
22 Lebensmittelgesetz, in dem ein gesetzliches Verbot der Fernsehwerbung vorgesehen war[19], verstärkt. Das Abkommen wurde vom Bundesgesundheitsminister als
"Vereinbarung" bekanntgegeben[20] und vom Bundesminister für Wirtschaft und Fi-
nanzen nach § 8 GWB genehmigt, da dem Schutz der Volksgesundheit Vorrang
gegenüber wettbewerbspolitischen Bedenken zukomme[21]. Das Abkommen ist in-
zwischen aufgrund gesetzlicher Maßnahmen obsolet geworden.

6. "Börsenrechtliche Integritätsregeln", 1970

Zur Verhinderung sogenannter Insidergeschäfte versuchte die Bundesregierung
Ende der 60er Jahre, die am Börsengeschäft beteiligten Unternehmen und Personen
zu einer freiwilligen Selbstverpflichtung zu bewegen, auf Insidergeschäfte in
sogenannten Insiderpapieren unter Ausnutzung von Insiderinformationen zum eige-

---

18   Vgl. BT-Protokoll IV/S.8607.
19   BR-Drs. 73/71; vgl. *Kaiser*, NJW 1971, S. 585 (587).
20   Vgl. Handelsblatt vom 15.2.1971.
21   Vgl. WRP 1972, 250 ff.; kritisch *Hübner*, NJW 1972, 1651 ff.

nen Vorteil oder im Drittinteresse zu verzichten[22]. Zu diesem Zwecke berief sie im Jahre 1968 eine Kommission aus Vertretern von Banken, Börsen, Wirtschaft, Kleinaktionären, Wissenschaft und Ministerien, die in den folgenden zwei Jahren einen Selbstverpflichtungsentwurf erarbeitete, nach dessen Vorbild die beteiligten Unternehmen und Personen einzelne Selbstverpflichtungserklärungen abgeben sollten. Bis zum Jahre 1976 hatten 67% aller zum Börsengeschäft zugelassenen Gesellschaften entsprechende Erklärungen unterzeichnet. Die Arbeit der Kommission wurde von der Regierung durch die Ankündigung der Einrichtung eines staatlichen Wertpapieramtes mit Überwachungsbefugnissen forciert[23].

7. *"Gemeinsame Erklärung zur Sicherung des Leistungswettbewerbs", 1975*

Im Jahre 1975 organisierte der Bundesminister für Wirtschaft einen Arbeitskreis "Leistungswettbewerb", in dem unter Hinzuziehung der Spitzenverbände der gewerblichen Wirtschaft, des Deutschen Gewerkschaftsbundes und von Verbraucherschutzorganisationen Möglichkeiten zur Bekämpfung leistungswidrigen Wettbewerbs gesucht wurden. Im Anschluß an diese Verhandlungen gaben 15 Spitzenorganisationen der gewerblichen Wirtschaft die "gemeinsame Erklärung zur Sicherung des Leistungswettbewerbs" ab, mit der ein übersteigerter Nebenleistungswettbewerb verhindert werden sollte[24].

8. *Vereinbarungen zur Erhaltung des Mehrwegbehältersystems, 1977*

Um eine Vermehrung des Abfallaufkommens durch Umstellung von Mehrwegverpackungen auf Einwegverpackungen, deren Verwendung für die Industrie organisatorische Erleichterungen mit sich bringt und kostengünstiger ist, zu verhindern, initiierte die Bundesregierung Mitte der 70er Jahre Gespräche über dieses Thema. Beteiligt an diesen Gesprächen waren auf staatlicher Seite der Bundesminister des Inneren, das Umweltbundesamt und mehrere andere Bundesminister. Von

---

22   Vgl. hierzu *v.Zezschwitz*, JA 1978, 497 (500).

23   Vgl. hierzu *Bremer*, Die Börsensachverständigenkommission; *v.Zezschwitz*, JA 1978, 497 (500).

24   Vgl. *Baudenbacher*, JZ 1988, 689 (691).

seiten der Wirtschaft waren die Spitzenverbände der Getränke-, Verpackungs-, Glas- und Stahlindustrie, die Spitzenverbände des Getränkehandels und der Schrottwirtschaft sowie einzelne Großunternehmen der Getränke- und Stahlindustrie beteiligt[25]. Das Ergebnis dieser Verhandlungen war eine Absprache, in der sich Getränkeindustrie, Verpackungsindustrie und Getränkehandel verpflichteten, das Einwegverpackungssystem nicht zu Lasten des Mehrwegverpackungssystems zu verstärken; des weiteren verpflichtete sich die Stahlindustrie, den Weißblechschrott zu marktkonformen Bedingungen abzunehmen. Die Bundesregierung versprach im Gegenzug, von der Möglichkeit nach § 14 Abs. 2 Abfallgesetz, eine Rechtsverordnung zur Verringerung der Abfallmengen zu erlassen, keinen Gebrauch zu machen. Mit der Möglichkeit des Erlasses einer derartigen Rechtsverordnung hatte die Bundesregierung bereits vorher mehrfach Druck auf die beteiligten Industrieverbände und -unternehmen ausgeübt. Die genannten Zusagen erfolgten mündlich anläßlich einer Anhörung der Bundesregierung über Getränkeverpackungen und wurden in einem Sitzungsprotokoll festgehalten. Die Absprachen wurden im wesentlichen eingehalten, allerdings erhöhte sich der Anteil der Einwegverpackungsbehältnisse aufgrund erhöhter Verbrauchernachfrage trotz alledem[26].

9. Selbstbeschränkungen der pharmazeutischen Industrie, 1975 - 1977

Der Bundesverband der pharmazeutischen Industrie beschloß nach längeren Verhandlungen mit den zuständigen Ministerien in den Jahren 1975 bis 1977 verschiedene Selbstbeschränkungen sowohl zur Kostendämpfung im Gesundheitswesen als auch zur Begrenzung der Heilmittelwerbung in den Printmedien[27]. Zur Kostendämpfung im Gesundheitswesen versuchte die pharmazeutische Industrie durch eine Selbstbeschränkung hinsichtlich der Versendung von Probepackungen pharmazeutischer Produkte an Ärzte beizutragen. Der Bundesminister für Wirtschaft genehmigte diese im Jahre 1975 vereinbarte und im Jahre 1977 modifizierte Selbstbeschränkung im Jahre 1981[28].

---

25   Vgl. hierzu *Bohne*, JbRSoz 1982, 266 (269).
26   Vgl. hierzu *Bohne*, a.a.O., 266 (271).
27   Zum zweiten vgl. *Romatka*, AfP 1983, 249 ff. m.w.N.
28   Vgl. Genehmigungsbescheid der Bundesregierung vom 31.3.1981, WUW/E 175, 1981.

10. Vereinbarungen zur Reduzierung von Fluorchlorkohlenwasserstoffen in Spraydosen, 1977/1987/1990

Im Jahre 1977 vereinbarte die Bundesregierung mit der chemischen Industrie eine Reduzierung des Anteils von Fluorchlorkohlenwasserstoffen in dem in Spraydosen verwendeten Treibgas mit der Folge, daß sich bis 1979 der Anteil von Fluorchlorkohlenwasserstoffen im Treibgas um über 25 % gegenüber 1975 verminderte[29].

Im Jahre 1987 verpflichtete sich die Industriegemeinschaft Aerosole[30], eine Vereinigung der Produzenten von Treibgasen und ähnlichen Produkten, gegenüber dem Bundesumweltminister, den Einsatz von Fluorchlorkohlenwasserstoffen in Spraydosen - bezogen auf die Verbrauchsmengen des Jahres 1976 - bis zum 31. Dezember 1988 um mindestens 75 % und bis zum 31. Dezember 1989 um mindestens 90 % zu verringern. Die Einhaltung dieser Selbstverpflichtung wurde durch ein unabhängiges Wirtschaftsprüfungsunternehmen überwacht[31].

Im Jahre 1989 fanden erneut Verhandlungen über eine weitere Reduzierung der Verwendung von Fluorchlorkohlenwasserstoffen statt, die zunächst nicht zu einer Einigung führten. Daraufhin erließ der Verordnungsgeber die "Zweite Verordnung zur Durchführung des Bundesimmissionsschutzgesetzes (Verordnung zur Emissionsbegrenzung von leichtflüchtigen Halogenkohlenwasserstoffen) vom 10.12.1990"[32]. Gleichzeitig mit dem Erlaß dieser Verordnung erklärte die betroffene chemische Industrie ihre Bereitschaft, über den Regelungsgehalt der Verordnung hinaus die Produktion von Fluorchlorkohlenwasserstoffen einzustellen, und verpflichtete sich, gebrauchte Fluorchlorkohlenwasserstoffe aus Kälte- und Klimageräten zurückzunehmen und wiederzuverwerten[33].

---

29   Vgl. *Bohne*, a.a.O.,266 (268).

30   Bezeichnung entnommen aus Umwelt 1988, 310.

31   Vgl. Umwelt 1988, 310.

32   BGBl. I, S. 2964.

33   vgl. Umwelt 1990, 346 (347); hierzu *Kloepfer*, JZ 1991, 737 (740).

11. "Emissionsminderungsplan für Großfeuerungsanlagen in Nordrhein-Westfalen", 1984[34]

Um eine Reduzierung der Emissionen nordrhein-westfälischer Großfeuerungsanlagen zu erreichen, führte die Landesregierung im Jahre 1984 Verhandlungen mit den öffentlichen Energieversorgungsunternehmen in Nordrhein-Westfalen[35]. Als Folge dieser Verhandlungen kam es zu einer Selbstverpflichtung der öffentlichen Energieversorgungsunternehmen gegenüber dem zuständigen Ministerium. Durch eine Vielzahl einzelner, in dem Plan genau zeitlich und inhaltlich beschriebener Maßnahmen sollte eine deutliche Reduzierung der Emissionen der Großfeuerungsanlagen erreicht werden. Es handelte sich um "ernsthafte Absichtserklärungen für jede Anlage"[36].

12. "Bergschadenregelung im rheinischen Braunkohlenrevier", 1984[37]

Nach eingehenden Verhandlungen zwischen der Rheinischen Braunkohle-Bergwerke AG und Vertretern des Ministeriums für Wirtschaft, Mittelstand und Verkehr des Landes Nordrhein-Westfalen wurde ein Papier erarbeitet, das die generelle Schadensabwicklung im rheinischen Braunkohlenrevier näher konkretisiert und Grundlage für die Schadensregulierung im Einzelfall sein soll[38]. Inhaltlich handelt es sich um eine Regelung, die über die gesetzliche Regelung der Bergschäden in §§ 114 ff. BBergG hinausgeht und den Geschädigten besserstellen soll[39].

---

34 Veröffentlicht als Anlage zur Pressemitteilung 816/11/84 der Landesregierung Nordrhein-Westfalen vom 12.11.1984.

35 Vgl. hierzu S. 34 des Emissionsminderungsplans.

36 Vgl. S. 34 des Emissionsminderungsplans; umfassend hierzu *Beyer*, Der öffentlich-rechtliche Vertrag, S. 272 f., der allerdings m.E. zu Unrecht den Absprachecharakter dieser Vereinbarung leugnet.

37 Zitiert nach *Beyer*, a.a.O., S. 275 f.

38 Vgl. *Beyer*, a.a.O., S. 275.

39 Vgl. hierzu *Beyer*, a.a.O., S. 276; *Beyer* ordnet auch diese Absprache der einseitigen Selbstverpflichtung Privater zu, übersieht jedoch auch hier, daß Grundlage dieser Selbstverpflichtungserklärung intensive Kontakte zwischen dem Ministerium und dem betroffenen Unternehmen waren.

13. Vereinbarung über die Atomabfallentsorgung, 1988[40]

Nachdem sich im Frühjahr 1988 herausstellte, daß die mit der Atomabfallentsorgung befaßte Hanauer Firma Transnuklear radioaktive Abfälle teilweise illegal entsorgt hatte, versuchte der Bundesumweltminister die Entsorgung von radioaktivem Abfall auf bestimmte Serviceunternehmen zu konzentrieren. Das Atomgesetz sieht keine Möglichkeit vor, den Stromerzeugern vorzuschreiben, die Entsorgung radioaktiver Abfälle nur ausgewählten Unternehmen zu überlassen. Der Bundesumweltminister erreichte in Verhandlungen mit den deutschen Stromerzeugern deren Selbstverpflichtung, bei der Entsorgung radioaktiver Abfälle bestimmte Dienstleistungen nur von bestimmten Unternehmen in Anspruch zu nehmen. Die Folge war, daß die Essener Gesellschaft für Nuklear-Service als Gemeinschaftsunternehmen der 13 Kernkraftwerksbetreiber fortgeführt wurde, verbunden mit der Absprache der Elektrizitätswerke, mit der Abfallbehandlung nur dieses eine Unternehmen zu beauftragen. Dies ist vom Bundeskartellamt als Verstoß gegen das Gesetz gegen Wettbewerbsbeschränkungen[41] ausgelegt worden.

14. Vereinbarung über die Kennzeichnung von Kunststoffprodukten, 1991[42]

Auf Initiative des Bundesministers für Umwelt, Naturschutz und Reaktorsicherheit hat der Gesamtverband Kunststoffverarbeitende Industrie e.V. am 15. Juli 1991 an seine Mitgliedsfirmen eine Empfehlung zur Kennzeichnung von Kunststoffprodukten herausgegeben. Durch die Kennzeichnung soll der Endverbraucher veranlaßt werden, die Kunststoffprodukte einem Verwertungssystem zuzuführen und dem Verwerter eine möglichst sortenreine Trennung zu ermöglichen. Der Minister hat angekündigt, die Umsetzung der Verbandsempfehlung aufmerksam zu verfolgen. Der Gesamtverband Kunststoffverarbeitende Industrie e.V. wird dem Minister Ende 1992 einen Bericht über das Ergebnis einer zuvor durchgeführten

---

40   Vgl. FAZ vom 19.8.1988, S. 11.

41   Vgl. hierzu und zum Inhalt der Absprache FAZ vom 19.8.1988, S. 11.

42   Vgl. hierzu Umwelt 1991, 436.

Umfrage vorlegen, aus dem sich der Stand der Kennzeichnung von Kunststoffprodukten ergibt.

15. Vereinbarungen zur Verbesserung der Umweltverträglichkeit von Wasch- und Reinigungsmitteln

Eine große Anzahl von Absprachen ist aus dem Bereich des Wasch- und Reinigungsmittelgesetzes bekannt. Beteiligt waren der Bundesumweltminister und der Industrieverband Körperpflege und Waschmittel e.V.. Dieser verpflichtete sich in allen Fällen gegenüber dem Bundesumweltminister, seinen Mitgliedsfirmen bestimmte Verhaltensweisen zu empfehlen, die die Umweltverträglichkeit der hergestellten Wasch- und Reinigungsmittel verbessern[43].

16. Sonstige Absprachen zur Verbesserung der Umweltsituation

Neben den bereits erwähnten Absprachen besteht eine große Zahl weiterer, ähnlich gelagerter Absprachen zwischen staatlichen Stellen und Verbänden der chemischen Industrie[44]. Aus neuerer Zeit sind insbesondere die Vereinbarungen über Schutzmaßnahmen der am Rhein gelegenen Chemieunternehmen gegen Rheinverschmutzungen zu nennen.

Des weiteren sind Absprachen des Bundesministers des Inneren und des Bundesministers für Wirtschaft mit der Automobilindustrie und einigen Zubehörherstellern über freiwillige Maßnahmen zur Reduzierung von Lärm und Abgasen bei gleichzeitiger Benzinverbrauchssenkung sowie eine Selbstverpflichtung des Verbandes der Asbestzementindustrie, freiwillig den Asbestanteil seiner Produkte zu senken, bekannt[45].

---

43   Vgl. hierzu umfassend *Rengeling*, Das Kooperationsprinzip im Umweltrecht, S. 18 ff.; Umwelt 1986, 20.

44   So z.B. die Absprache hinsichtlich des Verzichts auf die Verwendung leichtflüchtiger chlorierter Kohlenwasserstoffe, hierzu Umwelt 1988, 310.

45   Vgl. hierzu *v. Lersner*, Verwaltungsrechtliche Instrumente des Umweltschutzes, S. 23.

In Rheinland-Pfalz wurde in Gesprächen zwischen dem rheinland-pfälzischen Umweltminister und den betroffenen Unternehmen im Jahre 1986 die Vorstellung entwickelt, die Sanierung von Grundstücken, die mit umweltgefährdenden Stoffen (sogenannten Altlasten) belastet sind, über einen Fonds des Landes zu finanzieren. Dieser Fonds sollte durch eine von der chemischen Industrie zu entrichtende Zusatzgebühr auf Sondermüll finanziert werden[46]. Zur Absicherung dieses Vorgehens sollten die beteiligten Unternehmen auf die Wahrnehmung eventuell bestehender Klagemöglichkeiten gegen die Zusatzgebühr verzichten[47]. Diese Vorstellungen wurden nicht in der konzipierten Form verwirklicht.[48]

II. Die Struktur normvertretender Absprachen

Die vorgenannten Beispiele sind daraufhin zu untersuchen, ob sie eine gemeinschaftliche, charakteristische Struktur besitzen, die sie als normvertretende Absprachen ausweist sowie ob und inwieweit sie einer Systematisierung zugänglich sind.

1. Begriffliches

Normvertretende Absprachen sind bereits begrifflich durch zwei Merkmale gekennzeichnet. Eine Absprache setzt denknotwendig mindestens zwei Beteiligte voraus, die sich mündlich oder schriftlich als Folge kommunikativer Prozesse auf bestimmte abgestimmte Verhaltensweisen einigen. Dementsprechend scheiden einseitige Selbstverpflichtungen Privater[49] ebenso aus der Betrachtung aus wie einsei-

---

46   Vgl. hierzu FAZ vom 19.2.1986, S. 43.

47   Zur rechtlichen Betrachtung dieses Denkmodells näher unten Kap. F III 1 c.

48   Zu dem stattdessen entwickelten Modell, das die Beteiligung der Unternehmen an einer Entsorgungsgesellschaft, bei gleichzeitiger partieller Freistellung der sich beteiligenden Unternehmen von der polizeirechtlichen Verantwortlichkeit für mögliche Altlasten, vorsieht, vgl. Kloepfer, Umweltrecht, § 4 Rdnr. 247.

49   Derartige nur einseitige Selbstverpflichtungen Privater hat *Beyer*, Der öffentlich-rechtliche Vertrag, S. 271 ff. definiert als einseitige Erklärungen natürlicher oder juristischer Personen des Privatrechts, die mit dem erklärten Willen zur tatsächlichen Bindung an ihren Inhalt abgegeben werden gegenüber Trägern öffentlicher Verwaltung; allerdings erscheinen die von *Beyer* gebildeten Beispielsfälle nicht als

tige Rechtsetzung durch den Staat. Normvertretend sind diese Absprachen, wenn an ihrer Stelle der Gesetz- oder Verordnungsgeber das gewünschte Ergebnis auch durch Erlaß einer Rechtsnorm hätte erzielen können, wobei an dieser Stelle noch dahinstehen kann, ob normvertretende Absprachen auch in Fällen denkbar sind, in denen ein entsprechendes Gesetz wegen Verstoßes gegen höherrangiges Recht rechtswidrig wäre[50].

2. Anwendung der gewonnenen Definition

a) Absprache

Unter Zugrundelegung dieser aus der Begrifflichkeit gewonnenen, vorläufigen Definition handelt es sich bei allen aufgeführten Beispielen um Absprachen. Beteiligt waren immer mindestens zwei natürliche oder juristische Personen oder Personenvereinigungen, die sich infolge von Verhandlungen auf ein bestimmtes, abgestimmtes Verhalten geeinigt haben.

Dies gilt auch in den Beispielsfällen, in denen lediglich eine private natürliche oder juristische Person oder Personenvereinigung sogenannte "Selbstverpflichtungen" abgegeben hat[51]. In allen Beispielsfällen waren nämlich staatliche Stellen Verhandlungspartner. Die Initiative für "Absprachen" oder "Selbstverpflichtungen" ging immer von staatlichen Stellen aus, die sich an den anschließenden Verhandlungen regelmäßig aktiv beteiligten. Darüber hinaus gab in allen Fällen, in denen nur eine natürliche oder juristische Person oder eine Personenvereinigung auf privater Seite beteiligt war, die sogenannte "Selbstverpflichtung" diese Person oder Personen-

---

Selbstverpflichtungen Privater, sondern als echte Absprachen, da *Beyer* selber bestätigt, daß diese Selbstverpflichtungen Folge von Gesprächen zwischen der Landesregierung von Nordrhein-Westfalen und verschiedenen privaten Betroffenen waren. Rein einseitige Selbstverpflichtungen Privater, die ohne jegliche staatliche Initiative zustandekommen, erscheinen als untypisch für informales Staatshandeln.

50   Hierzu näher unter Kap. E III 1 b cc.

51   So in den Beispielsfällen 9 und 10, in denen jeweils eine Personenvereinigung Verpflichtungserklärungen abgab, und dem Beispiel 11, in dem auf privater Seite nur ein Unternehmen, nämlich die Rheinische Braunkohle-Bergwerke AG, beteiligt war.

vereinigung unmittelbar gegenüber den an den vorherigen Verhandlungen beteiligten staatlichen Stellen ab. Diese nahmen die Selbstverpflichtung zur Kenntnis. Mit Abgabe dieser "Selbstverpflichtungserklärungen" betrachteten die Beteiligten in allen Fällen die Verhandlungen als abgeschlossen. Auch eine sogenannte einseitige "Selbstverpflichtung" dokumentiert daher das Ergebnis eines längeren Gesprächsprozesses und muß als Absprache bezeichnet werden.

Somit ist festzuhalten, daß es sich bei allen aufgeführten Beispielsfällen um Absprachen im Sinne der oben aus der Begrifflichkeit gewonnen Definition handelt.

b) normvertretend

Fraglich ist außerdem, ob in allen aufgezeigten Beispielsfällen die Absprachen normvertretenden Charakter besitzen.

Mit den meisten der geschilderten normvertretenden Absprachen sollte das Unterlassen bestimmter Verhaltensweisen seitens der privaten Absprachepartner erreicht werden. Jedoch gab es auch Absprachen, die mit dem Ziel abgeschlossen wurden, die privaten Partner zu einem aktiven Tun zu bewegen[52].

Während der Staat unzweifelhaft die Kompetenz besitzt, Gesetze zu erlassen, die ein bestimmtes Verhalten verbieten, erscheinen die Fälle zweifelhaft, in denen Ziel der staatlichen Initiative nicht das Unterlassen einer bestimmten Verhaltensweise, sondern ein positives Tun war. So stellt sich z.B. die Frage, ob der Staat die Gründung der Ruhrkohle AG[53] durch Erlaß einer Rechtsnorm hätte erzwingen können oder ob es möglich wäre, die an der Absprache über die Atomabfallentsorgung[54] beteiligten Stromerzeuger durch eine Rechtsnorm zu verpflichten, ihre Atomabfallentsorgung nur über ein bestimmtes Unternehmen abzu wickeln.

---

52   Vgl. z.B. die Vereinbarungen über die Gründung der Ruhrkohle AG, hierzu oben Kap. B I Bsp. 4.

53   S.o. Kap. B I Bsp. 4.

54   S.o. Kap. B I Bsp. 13.

14

Die Verfassungsmäßigkeit derartiger Gebotsgesetze, wie aber auch stark in die Verhaltensfreiheit des Bürgers eingreifender Verbotsgesetze, könnte sowohl unter formellen wie auch materiellen Gesichtspunkten in Frage gestellt werden. Die Beantwortung dieser Frage kann jedoch an dieser Stelle unterbleiben[55], da eine normvertretende Absprache begrifflich auch dann noch "normvertretend" ist, wenn die vertretene Norm als verfassungswidrig zu bezeichnen wäre. Die Rechtmäßigkeit der vertretenen Rechtsnorm erscheint nicht als notwendiger Bestandteil einer "normvertretenden Absprache".

Somit handelt es sich in den beschriebenen Beispielsfällen um normvertretende Absprachen[56].

3. Systematisierung

Die oben aufgeführten Beispiele zeigen, obwohl ihre Darstellung aufgrund fehlender Informationen über den jeweiligen Ablauf der Verhandlungen kursorisch geblieben ist, eine große Vielfalt der Absracheformen. Es finden sich förmliche Verträge zwischen den beteiligten natürlichen oder juristischen Personen oder Personenvereinigungen des Privatrechts[57], mündliche, in Protokollen festgehaltene Zusagen[58] oder auch Vereinbarungen zwischen den betroffenen Unternehmen und den an den Verhandlungen beteiligten staatlichen Stellen[59].

---

55 Hierzu näher unten Kap. E III und IV.

56 *Scherer*, DÖV 1991, 1 (2) ordnet den Emissionsminderungsplan für Großfeuerungsanlagen (Bsp. 10) den normvollziehenden Absprachen zu, da es um die Verschärfung umweltrechtlicher Standards im Einzelfall gegangen sei. Diese Einordnung erscheint als unzutreffend, da auch hier eine durch Gesetz regelbare Verschärfung umweltrechtlicher Standards durch Verhandlungen erreicht wurde. Ob die Landesregierung für den Erlaß eines solchen schärferen Gesetzes zuständig gewesen wäre, spielt für die Einordnung keine Rolle.

57 Vgl. oben Kap. B I Bsp. 1 und 4.

58 Vgl. oben Kap. B I Bsp. 8.

59 Vgl. oben Kap. B I Bsp. 2 und 5.

Auch der Kreis der Beteiligten differiert bei den verschiedenen Absprachen stark. Es gibt Absprachen, an denen Ministerien und private Einzelunternehmen beteiligt sind[60], andere, an denen Verbände, die bestimmte Industriebereiche repräsentieren, und staatliche Stellen beteiligt sind[61] und solche, bei denen der Kreis der Beteiligten weiter gezogen wird[62].

Deutliche Unterschiede zeigen sich auch hinsichtlich des jeweiligen Gegenstandes der Absprache. Wie oben gezeigt[63], kann sowohl ein aktives Tun wie auch das Unterlassen eines bestimmten Verhaltens Gegenstand von Absprachen sein.

Bei solch gravierenden Unterschieden drängt sich die Frage nach Systematisierungsmöglichkeiten auf.

a) Der Systematisierungsansatz von *v. Zezschwitz*

In der Literatur hat bisher - soweit ersichtlich - nur *v. Zezschwitz*[64] einen Systematisierungsversuch unternommen. Er sieht insgesamt sieben unterschiedliche Absprachetypen. Er unterscheidet

a) die rein privatrechtlichen, dem Wettbewerbsrecht unterliegenden Kartellverträge,

b) normvertretende Absprachen, die aufgrund von staatlichen Subventionsanreizen zustandekommen,

c) normvertretende Absprachen zur Vermeidung von angekündigten gesetzgeberischen Aktivitäten,

---

60 Vgl. oben Kap. B I Bsp. 1 und 2.
61 Vgl. oben Kap. B I Bsp. 9, 10 und 12.
62 Vgl. oben Kap. B I Bsp. 7 und 8.
63 Vgl. Kap. B II 2 b.
64 Vgl. *v. Zezschwitz*, JA 1978, 498.

d) Absprachen als Folge einer Mischung aus Überzeugungsarbeit (moral suasion), psychologischem Zwang und ökonomischem Druck,

e) einseitige Selbstverpflichtungserklärungen, die von staatlichen Stellen induziert und zur Kenntnis genommen werden,

f) Absprachen, die unter aktiver rechtsgeschäftlicher Beteiligung des Staates in Form von Verträgen oder Zusagen geschlossen werden,

g) echte staatlich herbeigeführte Zwangskartelle, die aus der Zeit des Nationalsozialismus bekannt sind.

Die Fallgruppen a) und g) müssen bei dem in dieser Arbeit gewählten Ansatz außer Betracht bleiben, da Typ a) die Absprachen umfaßt, die ohne staatliche Beteiligung zustandekommen und Typ g) ein förmliches Gesetz voraussetzt und damit ebenfalls nicht Gegenstand der vorliegenden Abhandlung ist.

Die von *v.Zezschwitz* vorgestellten Typen b), c) und d) unterscheiden sich (nach seiner Typologie) durch die Art der staatlichen Einflußnahme, die vom Subventionsanreiz über das Inaussichtstellen von gesetzgeberischem Unterlassen bis zu der reinen Überzeugungsarbeit reicht. Bei den Typen e) und f) differenziert er hingegen nach der Form, in der die Absprachen zustandekommen, nämlich zwischen der einseitigen Selbstverpflichtung und dem echten Vertrag oder der Zusage.

Bereits wegen dieser Vermischung unterschiedlicher Systematisierungskriterien kann der von *v. Zezschwitz* vorgestellte Systematisierungsansatz nicht trennscharf sein. So sind insbesondere die unter d) beschriebenen Verträge, die aufgrund psychologischen und ökonomischen Zwangs zustandekommen, nicht von den anderen Typen zu unterscheiden, da das Element der Drohung und des Anreizes wesentlicher Bestandteil aller normvertretenden Absprachen ist und selbstverständlich auch "Selbstverpflichtungen", Verträge oder Zusagen aufgrund derartiger "Anreize" zustandekommen.

Jedoch mangelt es auch innerhalb der nach dem gleichen Systematisierungsansatz gebildeten Fallgruppen an Trennschärfe. So zeigt das Beispiel der Gründung der Ruhrkohle AG[65], daß die an den Absprachen beteiligten staatlichen Stellen die verschiedenen staatlichen Anreizinstrumente gleichzeitig und kombiniert einsetzen können. Eine Einordnung in eine der von *v.Zezschwitz* gebildeten Fallgruppen scheitert daher in diesen Fällen.

b) Eigener Systematisierungsansatz

aa) Äußere Form der Absprache

Klare Zuordnungsmöglichkeiten gewinnt man, wenn man das Differenzierungskriterium "Form der Absprache", das den von *v. Zezschwitz* gebildeten Fallgruppen e) und f) zugrundeliegt, zur Systematisierung heranzieht. Hier lassen sich deutlich drei Gruppen unterscheiden:

- die förmlichen Verträge zwischen staatlichen Stellen und privaten Partnern, wie sie bei der Gründung der Ruhrkohle AG geschlossen wurden,

- die Absprachen, bei denen alle Beteiligten, also auch die staatlichen Stellen, bestimmte Verhaltensweisen in Aussicht stellen und dies in Protokollnotizen, Vermerken usw. schriftlich dokumentieren, wie dies zum Beispiel bei der Absprache über die Erhaltung des Mehrwegbehältersystems[66] geschah,

- die sogenannten "Selbstverpflichtungen", bei denen lediglich die privaten Beteiligten gegenüber staatlichen Stellen Erklärungen abgeben. Als Beispiele seien die "börsenrechtlichen Integritätsregeln"[67] und die "Gemeinsame Erklärung zur Sicherung des Leistungswettbewerbs"[68] genannt.

---

65   Vgl. oben Kap. B I Bsp. 4.

66   Vgl. oben Kap. B I Bsp. 8.

67   Vgl. oben Kap. B I Bsp. 6.

68   Vgl. oben Kap. B I Bsp. 7.

bb) Der Kreis der Beteiligten

Ein anderes Systematisierungskriterium könnte der Kreis der an einer Absprache Beteiligten sein. Auf seiten des Staates waren in allen beschriebenen Beispielsfällen eines oder mehrere Ministerien beteiligt. Hingegen waren auf seiten der privaten Absprachepartner sehr unterschiedliche Organisationen beteiligt. Es sind Absprachen dokumentiert, an denen nur einzelne Unternehmen teilgenommen haben[69]. An anderen beteiligten sich ein oder mehrere Unternehmensverbände, die sich als Ergebnis der Absprache verpflichteten, auf ihre Mitgliedsfirmen im Sinne der Absprache einzuwirken[70]. Es gab Absprachen, an denen nur unmittelbar Betroffene beteiligt waren, aber auch solche, zu denen Organisationen zugezogen wurden, die aufgrund ihres Satzungszweckes oder aufgrund ihrer Fachkompetenz als geeignete Absprachepartner erschienen. So wurden der Deutsche Gewerkschaftsbund und verschiedene Verbraucherschutzorganisationen an den Verhandlungen über die Sicherung des Leistungswettbewerbes beteiligt[71].

Somit können unter Anwendung des Systematisierungkriteriums "Kreis der Beteiligten" drei Gruppen von Absprachen festgestellt werden:

- Absprachen, an denen der Staat und einzelneUnternehmen beteiligt sind,

- Absprachen, an denen der Staat und die Spitzenverbände der betroffenen Industriezweige beteiligt sind,

- Absprachen, an denen neben den o. g. Absprachepartnern auch Vertreter von mittelbar Betroffenen beteiligt werden.

c) Bewertung der Systematisierungsansätze

---

69   Vgl. z.B. die Bergschadenregelung im rheinischen Braunkohlenrevier, hierzu oben Kap. B I Bsp. 12.

70   Vgl. z.B. die Vereinbarung über die Reduzierung von Fluorchlorkohlenwasserstoffen in Spraydosen, hierzu oben Kap. B I Bsp. 10.

71   Vgl. oben Kap. B I Bsp. 7.

Während v. *Zezschwitz* inhaltliche und formale Systematisierungskriterien vermischt, verzichtet der in dieser Arbeit gewählte Systematisierungsansatz auf jegliche inhaltliche Strukturierung und knüpft lediglich an formale Kriterien an. Dieser Ansatz führt, im Gegensatz zu dem von v. *Zezschwitz* gewählten, zu zwei in sich trennscharfen Systematisierungen, die sich untereinander nicht in einem Abhängigkeitsverhältnis befinden.

Beide Systematisierungsansätze verdeutlichen die erheblichen Unterschiede, die zwischen den verschiedenen normvertretenden Absprachen bestehen, und zwingen zur Frage nach den Ursachen für diese Unterschiede. Zugleich wird die Frage gestellt, ob aus einer derartigen Systematisierung rechtliche oder verwaltungswissenschaftliche Erkenntnisse, etwa unter Effektivitätsgesichtspunkten, gezogen werden können. Möglicherweise sind alle Absprachetypen im Kern Ausdruck des gleichen rechtlichen und verwaltungswissenschaftlichen Vorgangs, mit der Folge, daß die beschriebenen Unterschiede eher zufälliger Natur sind.

Untersuchungen, die aufgrund Befragung der Beteiligten empirisch nachweisen könnten, warum bestimmte Formen für eine Absprache gewählt wurden, liegen bisher nicht vor. Auch diese Arbeit kann daher nur Hypothesen aufstellen.

4. Der typische Geschehensablauf beim Abschluß einer normvertretenden Absprache

Um die gestellten Fragen beantworten zu können, soll zunächst der Versuch unternommen werden, einen für alle Absprachenformen typischen, von der Form der Absprache unabhängigen Geschehensablauf für das Zustandekommen einer Absprache zu beschreiben. Bei diesem Versuch ist zu berücksichtigen, daß über informelle Abläufe naturgemäß kaum Informationen vorliegen. Dennoch erscheint der nachfolgend geschilderte Geschehensablauf als das normale Muster, nach dem eine normvertretende Absprache zustandekommt.

Eine normvertretende Absprache wird typischerweise in vier Schritten realisiert:

1. Seitens der politisch Verantwortlichen besteht der Wille, eine bestehende ökonomische oder ökologische Situation, z.B. die Produktionsmenge von Fluorchlorkohlenwasserstoffen, zu verändern. Aus Gründen, die noch zu klären sein werden, möchten die Verantwortlichen jedoch die bestehende Rechtslage nicht verändern und hoffen auf "freiwilliges" Handeln der beteiligten privaten Unternehmen oder Verbände.

2. Um dieses "freiwillige" Handeln zu erreichen, setzt der Staat Mittel ein, die im weiteren Verlauf der Untersuchung als staatliche Einflußnahme bezeichnet werden und aus der Drohung mit einer Gesetzesinitiative, dem In AussichtStellen einer Subvention, intensiver Überzeugungsarbeit, verbunden mit gezielter Information der Beteiligten und der Öffentlichkeit, oder einer Kombination dieser Möglichkeiten bestehen.

3. Als Folge dieser staatlichen Einflußnahme, verbunden mit einem Gesprächsangebot, kommt es zu intensiven Gesprächen zwischen Regierungsstellen und den betroffenen Unternehmen bzw. Verbänden, teilweise unter Hinzuziehung von Vertretern unterschiedlicher, an der beabsichtigten Zustandsänderung interessierter Interessengruppen. Als Ergebnis dieser Gespräche kommt es zu einer Einigung aller Beteiligten über die angestrebte Zustandsänderung und die hierfür erforderlichen Verhaltensänderungen. Diese Einigung wird meistens schriftlich fixiert[72] oder durch einseitige "symbolische Handlungen" dokumentiert.

Um derartige "symbolische Handlungen" handelt es sich z.B. bei den oben[73] beschriebenen "Selbstverpflichtungen", aber auch bei den von *Beyer*[74] als eigenständiger Typ normersetzenden Handelns beschriebenen Selbstverpflichtungen Privater[75]. Würde man an der äußeren Form der Vereinbarungen anknüpfen, wäre es erforderlich, mit *Beyer*, die normvertretenden Absprachen, die schriftlich fixiert werden, von

---

72 So z.B. im Bonner Papier, hierzu oben Kap.B I Bsp. 4; vgl. auch Kap. B I Bsp. 5 und 8.
73 Vgl. Kap. B II 3 b aa.
74 *Beyer*, Der öffentlich-rechtliche Vertrag, S. 276 f.
75 Vgl. die von *Beyer* angeführten, in Kap. B I als Bsp. 11 und 12 dargestellten Fälle.

den Absprachen, die zu einer "Selbstverpflichtung" führen, zu trennen. Jedoch besitzen diese "symbolischen Handlungen" keine eigenständige Funktion in einer normvertretenden Absprache. Alle beschriebenen Selbstverpflichtungen kamen infolge intensiver Kontaktaufnahme zwischen staatlichen und privaten Stellen zustande. Es erschiene realitätsfern, in diesen Fällen anzunehmen, daß erst die Selbstverpflichtung das Einvernehmen zwischen Staat und Unternehmen herbeigeführt hätte. Diese Verständigung war vielmehr Voraussetzung für die Selbstverpflichtungserklärungen der Beteiligten. Die eigentliche normvertretende Absprache liegt zeitlich bereits vor den "Selbstverpflichtungserklärungen". Diese stellen nur eine andere Form der Dokumentation der gefundenen Einigung dar. Es handelt sich um eine Art "symbolische" Unterwerfungserklärung. Auch der von *v. Lersner* beschriebene Versuch[76] des Verbandes der Elektrizitätswerke, einige Tage vor einem Kabinettsbeschluß über die Großfeuerungsanlagenverordnung einseitig, ohne Vorgespräche eine Selbstbeschränkung anzubieten, widerspricht der Grundannahme, daß jeder einseitigen Selbstverpflichtung eine Einigung aller Beteiligten über die angestrebte Zustandsänderung zugrunde liegt, nicht. Vielmehr kann dieses Verhalten der Elektrizitätswirtschaft nur als ein Angebot zur Herbeiführung einer derartigen Einigung gewertet werden. Denn der Verband der Elektrizitätswerke hätte nur dann auf seine Mitglieder im Sinne einer Selbstbeschränkung eingewirkt, wenn die staatlichen Stellen in Gespräche eingetreten wären und die Selbstbeschränkung in der vorgeschlagenen Form akzeptiert hätten.

4. Die bereits getroffene Vereinbarung wird, soweit notwendig, vollzogen, d.h. die erzielte Einigung wird umgesetzt. Dieser Vollzug kann in sehr unterschiedlicher Art und Weise erfolgen. Ein solcher Vollzug lag z.B. bei der Gründung der Ruhrkohle AG[77] im Abschluß des Gesellschaftsvertrages. Dieser Gesellschaftsvertrag entfaltete zwischen den beteiligten Unternehmen dieselben Rechtswirkungen wie bei einer nicht staatlich beeinflußten Gründung einer Aktiengesellschaft. Er war jedoch von den beteiligten Unternehmen nicht mehr frei ausgehandelt worden, sondern stellte sich nur noch als Vollzug der bereits vorher im "Bonner Papier" schriftlich dokumentierten Einigung zwischen den privaten Unternehmen und den beteiligten

---

76 Vgl. *v. Lersner*, Verwaltungsrechtliche Instrumente des Umweltschutzes, S. 23.
77 Vgl. Kap. B I Bsp. 4.

staatlichen Stellen dar. In den meisten der beschriebenen Beispielsfälle kam es jedoch nur zu tatsächlichen Verhaltensänderungen, die teilweise nur aus Unterlassungen bestanden[78]. Denkbar sind aber auch weitere Absprachen, die nur noch zwischen den beteiligten Unternehmen und Verbänden getroffen werden. So könnten z.b. Vereinbarungen über die Form der Überwachung des Verhaltens bei der Durchführung der Absprache getroffen werden.

5. Zusammenfassung und Definitionen

Alle Typen normvertretender Absprachen kommen aufgrund ähnlich gelagerter Geschehensabläufe zustande. Eine normvertretende Absprache wird in einem normalerweise aus vier Stufen bestehenden Verfahren vereinbart und vollzogen.

Auf Stufe 3 kommt es zur Einigung aller Beteiligten über die angestrebte Zustandsänderung und die hierfür erforderlichen Verhaltensänderungen. Diese Einigung wird im weiteren Fortgang der Arbeit als *normvertretende Absprache im eigentlichen Sinne (i.e.S.)* bezeichnet und steht im Mittelpunkt der weiteren Ausführungen. Diese normvertretende Absprache i.e.S. wird meistens durch schriftliche Fixierung oder symbolische Handlungen dokumentiert. Teilweise sind weitere vollziehende Vereinbarungen erforderlich. An der normvertretenden Absprache i.e.S. können Organisationen beteiligt sein, die beim Vollzug der Absprache nicht mehr beteiligt sind.

Die unterschiedlichen Arten der Dokumentation normvertretender Absprachen i.e.S. und ihr unterschiedlicher Vollzug rechtfertigen es nicht, einzelne der aufgeführten Beispielsfälle nicht mehr als normvertretende Absprachen zu betrachten. Der beschriebene Geschehensablauf spiegelt alle oben beschriebenen Fallkonstellationen und Absprachetypen wieder, unabhängig davon, ob sie aus dem Bereich des Wirtschafts oder des Umweltrechts stammen. *Bohne* kann daher nicht zugestimmt werden, wenn er streng zwischen den wirtschaftspolitischen Selbstbeschränkungsabkommen und den Absprachen im Umweltrecht differenzieren will[79].

---

78   Vgl. Kap. B I Bsp. 3, 5 und 9.
79   Vgl. *Bohne*, JbRSoz, 267 ff.;

Vielmehr beruhen alle diese Vereinbarungen auf den gleichen informalen Vorgängen, die eine Normsetzung überflüssig machen sollen. Lediglich die äußere Form, in der die Normsetzung überflüssig gemacht wird, differiert; die zugrunde liegende Absprache i.e.S., die im Vordergrund der folgenden Überlegungen zu stehen hat, bleibt die gleiche.

6. Bewertung der Systematisierungsansätze im Lichte der Untersuchung des typischen Geschehensablaufs beim Abschluß einer normvertretenden Absprache

Die Gründe für die Wahl so verschiedenartiger Dokumentations- und Vollzugsformen sind nur in wenigen Fällen ersichtlich[80], hier wird nur eine empirische Untersuchung Klarheit bringen können. Da von den Absprachepartnern, insbesondere in den Dokumentationen der beteiligten staatlichen Stellen (z.B. der Zeitschrift "Umwelt") keine Gründe für die Wahl einer Dokumentations- oder Vollzugsform angegeben werden, spricht vieles für die Annahme, daß die beschriebenen Unterschiede zwischen den verschiedenen normvertretenden Absprachen zufälliger Natur sind und der Versuch einer Systematisierung insoweit ins Leere geht. Die vorgeschlagenen Systematisierungen können daher zur rechtlichen und verwaltungswissenschaftlichen Einordnung der normvertretenden Absprachen nur wenig beitragen.

III. Gründe für den Abschluß normvertretender Absprachen

1. Vorbilder

Nicht durch Gesetz vorgesehene oder zugelassene Verhaltensweisen sind für die Rechtswissenschaft nichts vollkommen Neues. Im Wirtschaftsrecht und im Völkerrecht sind sie unter dem Stichwort "Gentlemen`s Agreement" als zwischen Privatrechtssubjekten oder souveränen Staaten auftretendes Phänomen schon häufig Ge-

---

80   So lag der Grund für die Gründung der Ruhrkohle-AG wohl darin, daß auf allen Seiten ein so hohes wirtschaftliches Risiko bestand, daß eine mit rechtlicher Verbindlichkeit ausgestattete Rechtsform gewählt wurde, um dieses Risiko zu mildern.

genstand der rechtswissenschaftlichen Erörterung gewesen[81]. Als "Gentlemen`s Agreement" werden Verhaltensweisen bezeichnet, bei denen sich auf der Ebene der Gleichordnung gegenüberstehende Partner in sogenannten "Erklärungen unter Ehrenmännern" auf ein bestimmtes abgestimmtes Verhalten einigen, aber auf die Anwendung einer Rechtsordnung zur Auslegung der Vereinbarung und zur Klärung von Streitigkeiten verzichten. Die Anwendung einer Rechtsordnung erscheint als verzichtbar, da der erstrebte Erfolg im Vertrauen auf das Wort der Partner oder mit Hilfe einer "Bindung an den Anstand" erreicht werden soll.[82]

a) Absprachen zwischen privaten Teilnehmern am Wirtschaftsverkehr

In Deutschland sind Absprachen zwischen privaten Teilnehmern am Wirtschaftsverkehr erst nach 1945 bekannt geworden. Es handelte sich um Absprachen zwischen privaten Wirtschaftsunternehmen, die mit dem Ziel vereinbart wurden, die aus den Vereinigten Staaten von Amerika übernommene verschärfte Kartellgesetzgebung zu umgehen[83].

b) Absprachen zwischen Völkerrechtssubjekten

Bekannt sind aus dem Völkerrecht z.B. die Münchner Erklärungen vom 30.09.1938 von Chamberlain und Hitler über die deutsch-britischen Beziehungen und Friedensbemühungen in Europa, die gerade daran scheiterten, daß sich Hitler an Erklärungen unter Ehrenmännern nicht gebunden fühlte, sowie die Entente Cordiale, die zunächst auf einem "Gentlemen's Agreement" zwischen dem britischen Außenminister und dem französischen Botschafter in London beruhte[84].

---

81   Vgl. hierzu die Nachweise bei *Bahntje*, Gentlemen`s Agreement und abgestimmtes Verhalten, S. 28 ff. und 34 ff.; sowie die Überblicke bei *v. Haeften*, in: Strupp/ Schlochauer, Wörterbuch des Völkerrechts (1960), Bd. 1, S. 659 f. und *Honold*, Das Gentlemen`s Agreement und seine Bedeutung im Kartellrecht, S. 37 ff., 45 ff.; eine lange Tradition haben derartige Absprachen im Heilmittelwerbebereich, hierzu *Romatka*, AfP 1983, 249 ff.

82   Vgl. hierzu *Bahntje*, a.a.O., S. 16.

83   Vgl. hierzu *Bahntje*, a.a.O., S. 34 mit Hinweisen auf das kartellrechtliche Schrifttum.

84   Weitere Beispiele bei *Bahntje*, a.a.O., S.29 mit Hinweisen auf weiterführende Literatur.

c) Gründe für den Abschluß von Absprachen zwischen privaten Teilnehmern am Wirtschaftsverkehr und zwischen Völkerrechtssubjekten

Die Gründe für informales Verhalten privater Wirtschaftssubjekte in Form des "Gentlemen`s Agreement" liegen nach verbreiteter Ansicht[85] vor allen Dingen in der Möglichkeit, gesetzliche, insbesondere kartellrechtliche Verbote zu umgehen.

Die Gründe, die souveräne Staaten dazu bewegen, derartige Absprachen einzugehen, sind - soweit ersichtlich - bisher nicht untersucht. Ein Grund für ein solches Verhalten könnten fehlende staatliche Durchsetzungsmöglichkeiten sein. Vereinbarungen zwischen souveränen Staaten sind für alle Vertragspartner im Regelfall nicht mittels Zwang durchsetzbar, es fehlt den Vertragspartnern an entsprechenden Durchsetzungsinstrumentarien[86]. Dementsprechend erscheint wechselseitiges Vertrauen in die Erfüllung der Vereinbarung durch den Vertragspartner als eine wesentliche Voraussetzung für das Zustandekommen derartiger Vereinbarungen. Alle Vertragsparteien müssen davon ausgehen, daß auch der jeweilige Vertragspartner ein Interesse an der Realisierung der geschlossenen Vereinbarung hat. Damit wird klar, daß es auf die Form, in der eine derartige Vereinbarung geschlossen wird, nicht primär ankommt. Informale Absprachen zwischen sich vertrauenden Partnern mögen häufig wirksamer sein als förmlich ratifizierte Verträge, deren Scheitern mangels übereinstimmender Interessenlage der Beteiligten bereits bei Vertragsschluß ins Auge gefaßt wird. Informale Absprachen kann man somit im zwischenstaatlichen Bereich in den Fällen als denkbare staatliche Handlungsform ansehen, in denen die Beteiligten nicht mit einer erfolgreichen zwangsweisen Durchsetzung des erstrebten Zieles rechnen können.

---

85   Vgl. *Bahntje*, a.a.O., S. 34 ff.

86   Wirtschaftssanktionen und kriegerische Durchsetzungsmöglichkeiten seien in diesem Zusammenhang bewußt ausgeblendet.

2. Gründe, die staatliche Stellen bewegen, sich an normvertretenden Absprachen zu beteiligen

a) Fehlende staatliche Durchsetzungsmacht

Im Verhältnis zwischen Staat und Bürger sind Absprachen eine relativ neue Erscheinung. Die ersten Absprachen, die bekannt geworden sind, wurden Ende der 50er Jahre zur Steuerung ökonomischer Prozesse eingesetzt[87]. Heute stellen normvertretende Absprachen auch ein Instrument der Umweltpolitik dar. Daher ist nach den Gründen zu fragen, die staatliche Stellen im Verhältnis zum Bürger gerade in neuerer Zeit zu derartigen Handlungsformen greifen lassen.

Die Umgehung gesetzlicher Regelungen scheidet als Grund für die Beteiligung staatlicher, an rechtsstaatliche Vorgaben gebundener Stellen an normvertretenden Absprachen aus.

Die fehlende staatliche Durchsetzungsmacht könnte auch im innerstaatlichen Bereich ein Grund für den Abschluß normvertretender Absprachen sein. Ob dies der Fall ist, ist zu untersuchen.

Ein Blick in die Geschichte gibt hierfür erste Anhaltspunkte. So beschreibt *Moraw*[88] die Verwaltung des mittelalterlichen Staates als geprägt von Wesenszügen, die er als "politisch" bezeichnet. Der Kaiser konnte infolge der schlechten Kommunikations und Verkehrsbedingungen nicht überall präsent sein, so daß Verstöße gegen kaiserliche Anordnungen häufig nicht verfolgt werden konnten. Beschlüsse des Reichstags wurden daher im ausgehenden Mittelalter in Form von Selbstverpflichtungen bei Androhung der Friedlosstellung im Falle des Bruchs umgesetzt[89]. Auch wenn man diese Selbstverpflichtungen nicht mit den normvertretenden Absprachen heutiger Zeit vergleichen kann, zeigt sich, daß fehlende staatliche Durch-

---

87   Vgl. oben Kap. B I Bsp. 1.

88   *Moraw* in: Jeserich/Pohl/v. Unruh, Deutsche Verwaltungsgeschichte, Bd. 1, S. 55 f.

89   Vgl. *Moraw*, a.a.O., S. 56; *Ebel*, Geschichte der Gesetzgebung in Deutschland, S. 46 ff.

setzungsmacht den Staat zu Handlungsformen zwingt, die die Mitwirkung der Betroffenen erfordern.

aa) Fehlender staatlicher Sachverstand

Zur Verbesserung des Umweltschutzes fand das Instrument der Absprache in den letzten Jahren laufend stärkere Beachtung und Anwendung. Der Bundesminister für Umwelt, Naturschutz und Reaktorsicherheit begründete dies damit, daß umweltgerechte Lösungen auf diesem Wege häufig schneller und unbürokratischer geschaffen werden könnten als mittels "Durchlaufens des Gesetzgebungsverfahrens"[90]. Aus ökonomischen Gründen sei es erforderlich, in Zukunft konsequent nach dem Verursacher- und Kooperationsprinzip zu handeln. In diesem Zusammenhang komme dem Gesichtspunkt der Feinsteuerung ökonomischer und ökologischer Prozesse besondere Bedeutung zu. Hierzu sei der Einsatz von freiwilligen Vereinbarungen mit der Wirtschaft besonders gut geeignet[91].

Diese Begründungen zwingen zu der Frage, warum mittels normvertretender Absprachen umweltgerechte Lösungen schneller und unbürokratischer geschaffen werden können und die "ökologische Feinsteuerung" verbessert wird. Allein auf die zeitliche Länge des parlamentarischen Gesetzgebungsverfahrens abzustellen erscheint als nicht ausreichend, da Gesetze durchaus in sehr kurzer Zeit verabschiedet werden können. Möglicherweise behindern die Probleme, die zu dem in der gegenwärtigen Umweltpolitik häufig beklagten Vollzugsdefizit[92] geführt haben, auch die Gesetzgebung und machen neue staatliche Handlungsformen erforderlich. Als Ursache des Vollzugsdefizites wird einerseits die Übernormierung und Überinstrumentierung im Bereich des Umweltschutzes[93], andererseits auch der fehlende staatliche Sachverstand[94] genannt. Der Staat ist im Bereich der Umweltpolitik ge-

---

90   Vgl. Bericht in Umwelt 1987, 190.

91   Vgl. *Töpfer*, Bundesminister für Umwelt, Naturschutz und Reaktorsicherheit, Umwelt 1992, 101 f.

92   Vgl. hierzu die umfassende Studie von *Mayntz* u.a., Vollzugsprobleme der Umweltpolitik.

93   So *Kloepfer*, DVBl. 1979, 644; *Hoppe*, VVDStRL 38 (1980), 243 f.

94   So *Breuer*, in: von Münch, Bes. Verwaltungsrecht, S. 614; *Grüter*, Kooperationsprinzip, S. 49.

zwungen, sich privaten Sachverstand, der vorwiegend bei den Mitarbeitern der betroffenen Unternehmen vorhanden ist, zunutze zu machen[95].

Der Gedanke *Grüters*[96], die Verwaltung könne, ähnlich wie Gerichte, auf externe Sachverständige zurückgreifen, erscheint illusorisch, da der Staat, anders als die Gerichte, nicht Gutachten für einen in der Vergangenheit liegenden Sachverhalt benötigt, sondern kontinuierliche Erkenntnissammlung und -auswertung, die sowohl technische Vorgänge in den Unternehmen wie auch deren Auswirkungen auf die Natur zu umfassen hätte. Die Mitarbeit der betroffenen Unternehmen ist daher für den Vollzug einer dem Umweltschutz dienenden Norm unverzichtbar.

Gleiches gilt für die Normsetzung. Um die Auswirkungen einer Regelung auf das ökonomische und ökologische Verhalten eines Unternehmens im Voraus beurteilen zu können, wird genau wie beim Vollzug einer Norm privater Sachverstand benötigt. Diesen privaten Sachverstand kann sich der Staat durch den Eintritt in Verhandlungen über den Abschluß normvertretender Absprachen besonders gut zunutze machen. Die Bundesregierung formuliert sehr treffend, wenn sie ausführt, Kooperation habe den Zweck, die Informationslage der Beteiligten sowie die Akzeptanz und damit die Wirksamkeit umweltpolitischer Entscheidungen zu verbessern[97]. "Unternehmen und Verbände kennen besser als jeder andere die Möglichkeiten und Verfahren zur Vermeidung und Verminderung von Stoffeinträgen"[98].

Im Bereich des Umweltschutzes substituieren normvertretende Absprachen bisher fast ausschließlich Rechtsverordnungen und nicht formelle Gesetze[99]. Wenn die Annahme richtig ist, daß der Staat normvertretende Absprachen als Regelungsinstrumentarium einsetzt, wenn er auf privaten Sachverstand zur Verwirklichung seiner Ziele angewiesen ist, müßte der private Sachverstand beim Erlaß von Umwelt-

---

95 So ausdrücklich *Breuer*, a.a.O.; ebenso *Ritter*, AöR 104 (1979), 389 (390 f.); *Kloepfer*, Umweltrecht, § 4 Rdnr. 146; *Müggenborg*, NVwZ 1990, 909.

96 Kooperationsprinzip, S. 49.

97 Vgl. Umweltbrief Nr. 33 vom 17.12.1986, hrsg. vom Bundesministerium für Umwelt, Naturschutz- und Reaktorsicherheit, S. 19.

98 Vgl. Umweltbrief Nr. 33, S. 20.

99 So auch *Hartkopf/Bohne*, Umweltpolitik 1, S. 224.

schutzrechtsverordnungen besonders erforderlich sein. Dies trifft in der Tat zu: Der Gesetzgeber arbeitet heute bei der Abfassung von Umweltschutzgesetzen sehr häufig mit dem Instrument der Verordnungsermächtigung, z.B. für die Bestimmung von Grenzwerten bei Stoffeinträgen. Damit verlagert er die eigentliche Bestimmung der Stärke des gesetzlichen Eingriffs auf die Ebene der Rechtsverordnung. Bei der Abfassung der Rechtsverordnung steht der Verordnungsgeber vor der Aufgabe, das ökologisch Wünschenswerte mit dem ökonomisch Machbaren zu verbinden. Diese Aufgabe kann er ohne den privaten Sachverstand der betroffenen Unternehmen nur schwer bewältigen. Daher liegt das Anwendungsgebiet für normvertretende Absprachen im Bereich des Umweltschutzes besonders in der Substituierung von Rechtsverordnungen.

bb) Die Komplexität der ökonomischen und ökologischen Zusammenhänge

Der moderne Industriestaat ist von zunehmender Komplexität der ökonomischen, aber auch der ökologischen Zusammenhänge geprägt. Ein solcher Industriestaat ist weder ausschließlich im Wege des freien Wirtschaftens noch ausschließlich mittels gesetzlicher Regelungen steuerbar. *Krüger*[100] nennt als historisches Beispiel für die Notwendigkeit der Zusammenarbeit zwischen Staat und privater Industrie die Ende der 50er Jahre in Zusammenarbeit zwischen staatlichen Stellen und den privaten Baumwollerzeugern durchgeführte Reorganisation der englischen Baumwollindustrie. Diese litt Mitte der 50er Jahre unter einem erheblichen Überangebot an Baumwolle auf dem Weltmarkt. Dem internationalen Konkurrenzdruck waren die englischen Firmen aufgrund stark überalteter Maschinenparks und relativ geringer Größe der einzelnen Firmen nicht gewachsen. Zur Reorganisaton wurde durch Gesetz der "Cotton Board" geschaffen, der die Aufgabe hatte, Reorganisationspläne für die einzelnen Sektoren der Baumwollindustrie auszuarbeiten. Seine Mitglieder waren jeweils vier Vertreter der Arbeitgeber- und der Arbeitnehmerseite sowie drei unabhängige Berater; staatliche Stellen waren nicht vertreten. Der Staat unterstützte die Durchführung der vom "Cotton Board" entwickelten Pläne durch Subventionen für plankonformes Verhalten der einzelnen Baumwollerzeuger[101]. So kam es zu

---

100   Vgl. *Krüger*, Zusammenarbeit, S. 14.

101   Vgl. hierzu *Jonas*, Staatliche Hilfen bei wirtschaftlichen Strukturänderungen, S. 23 ff.

einem deutlichen Abbau der vorhandenen Überkapazitäten. Durch die Einbindung der Betroffenen in das Entscheidungsverfahren konnten die erforderlichen Reorganisationsschritte auf einer sehr guten Informationsgrundlage und mit geringen sozialen Spannungen durchgeführt werden.

Infolge der immer komplexer strukturierten Umwelt, bestehender Informationsdefizite und kaum noch zu überblickender Wirkungszusammenhänge sowie des raschen Wandels der gesellschaftlichen Verhältnisse kann der Staat auf den Gebieten des Wirtschafts- und des Umweltrechtes mit seiner Rechtsetzung häufig nicht rechtzeitig und sachlich richtig auf Veränderungen reagieren[102]. Es muß zu einer wechselseitigen Verschränkung von Staat und Wirtschaft kommen[103]. Ein wesentlicher Grund für die Verwendung informaler Handlungsformen und damit auch für den Abschluß normvertretender Absprachen zwischen Staat und Privaten ist daher in der Komplexität der ökonomischen und ökologischen Zusammenhänge, verbunden mit einem Mangel an "staatlichem Sachverstand", zu sehen. Normvertretende Absprachen stellen einen Versuch dar, durch die Einbindung privaten Sachverstandes für komplexe Sachverhalte adäquate Lösungen zu finden und so eine Verbesserung der Durchsetzungsfähigkeit staatlicher Zielvorgaben zu erreichen[104]. Der Staat wäre zwar theoretisch dazu in der Lage, den Lebenssachverhalt durch Gesetz zu regeln, jedoch wären die Risiken der Wahl eines nicht sachgerechten Regelungsinstrumentariums für alle Beteiligten, insbesondere auch für die am Gemeinwohl orientiert handelnden staatlichen Stellen, so hoch, daß man durchaus davon sprechen kann, daß der Staat realiter nicht mehr zum Erlaß effektiver und auch durchsetzbarer Regelungen in der Lage ist.

Auch wenn man mit *v. Zezschwitz* dieser engen Zusammenarbeit von staatlichen Stellen und privater Industrie skeptisch gegenüberstehen mag[105], wird man diese Entwicklung akzeptieren müssen. Ähnlich wie im Verhältnis zwischen souveränen

---

102   Vgl. hierzu umfassend *Ritter*, AöR, 104 (1979), 389 ff.; ähnlich *Lange*, VerwArch 81 (1991), 1 (3).

103   *Krüger*, Zusammenarbeit, S. 9.

104   So zutreffend *Bohne*, JbRSoz 1982, 273.

104   Vgl. *v. Zezschwitz*, JA 1978, 497.

Staaten fehlt es dem Staat aufgrund der Komplexität der ökonomischen und ökologischen Zusammenhänge und des fehlenden staatlichen Sachverstandes an Durchsetzungsfähigkeit. Der Staat verfügt zwar über das Machtpotential, eine getroffene
Entscheidung durchzusetzen, ist jedoch nicht mehr dazu in der Lage, sicher zu pro-
gnostizieren, welche Entscheidung die richtige ist. Dementsprechend kann zumindest für das Wirtschafts- und Umweltrecht die klassischliberale Dogmatik der
Trennung von Staat und Gesellschaft nicht mehr als der Wirklichkeit entsprechend
angesehen werden[106].

Zusammenfassend kann festgehalten werden, daß der Hauptgrund für staatliche
Stellen, sich an normvertretenden Absprachen zu beteiligen, in den fehlenden staatlichen Durchsetzungsmöglichkeiten zu sehen ist.

b) Weitere Gründe

Darüber hinaus werden in der Literatur weitere Gründe für den Abschluß normvertretender Absprachen genannt, die überwiegend in engem Zusammenhang mit
den Problemen einer komplexen Industriegesellschaft stehen:

aa) Möglichkeit der Erpobung einer Regelung

Gesetzliche Regelungen sind häufig damit belastet, daß zum Zeitpunkt ihres Erlasses die Folgen der Neuregelung noch nicht umfassend abzusehen sind[107]. Daher
suchen staatliche Stellen nach Möglichkeiten, die Wirkungen einer gesetzlichen Regelung zu erproben[108]. Hier bietet sich die normvertretende Absprache als Erpro-
bungsinstrumentarium aufgrund ihrer gegenüber einem Gesetz erleichterten Än-
derbarkeit an[109].

---

106   So zutreffend *Schulze-Fielitz*, Der informale Verfassungsstaat, S. 108 f.
107   Vgl. hierzu *Bohne*, JbRSoz 1982, 273, der auf unerwünschte Nebenwirkungen verweist;
      ebenso *Hartkopf/Bohne*, Umweltpolitik 1, S. 224.
108   Vgl. *Schulze-Fielitz*, a.a.O., S. 103.
109   Hierzu näher unten Kap. B V 1.

bb) Verhinderung gerichtlicher Auseinandersetzungen

Absprachen verhindern langwierige gerichtliche Auseinandersetzungen mit unkalkulierbarem Ausgang für alle Beteiligten[110]. Während ein einseitiges Gesetz und darauf beruhende Maßnahmen der Verwaltung durch die Inanspruchnahme gerichtlichen Rechtsschutzes lange Zeit blockiert werden können, tritt diese Blockierung nicht ein, wenn alle Beteiligten sich auf ein bestimmtes Verhalten geeinigt und dementsprechend - unabhängig von der Frage, ob überhaupt gerichtlicher Rechtsschutz zu erreichen wäre[111] - kein Bedürfnis nach rechtlicher Überprüfung haben.

3. Gründe der privaten Absprachepartner, sich an normvertretenden Absprachen zu beteiligen

Die privaten Absprachepartner beteiligen sich an normvertretenden Absprachen, obwohl mit dem Abschluß einer solchen Absprache möglicherweise Rechtsschutzmöglichkeiten entfallen und Rechtssicherheit verlorengeht.

Es sind Fälle denkbar, in denen die staatliche Einflußnahme so stark ist, daß den privaten Absprachepartnern kein autonomer Entscheidungsspielraum mehr verbleibt und sich eine weitere Suche nach Gründen für den Abschluß der Absprache erübrigt.

In den Fällen, in denen ihre Beteiligung an der Absprache auf einer freien Entscheidung beruht[112], dürfte der Grund dafür, daß die privaten Absprachepartner sich an normvertretenden Absprachen beteiligen, wohl in der Möglichkeit der Einflußnahme auf staatliche Entscheidungen, verbunden mit der Sorge vor härteren und ungeeigneteren gesetzlichen Maßnahmen, zu sehen sein.

---

110   Vgl. *von Lersner*, a.a.O. (Fn. 55), S. 18.
111   Hierzu näher unten Kap. F I.
112   zur Freiheit der Entscheidung näher unten Kap. E III 1.

Staat und Wirtschaft finden sich infolge der komplexen ökonomischen und ökologischen Zusammenhänge heute in einer "Schicksalsgemeinschaft", die trotz im einzelnen gegenläufiger Interessen häufig einen Konsens erzwingt[113].

IV. Voraussetzungen für die Funktionsfähigkeit normvertretender Absprachen

1. Überschaubarkeit des Kreises der Beteiligten und des Gegenstandes der Absprache

Bei Erlaß des 5. Gesetzes zur Änderung des Wasserhaushaltsgesetzes, mit dem ein verstärkter Schutz der Gewässer vor der Einleitung gefährlicher Stoffe erreicht werden sollte[114], begründete die Bundesregierung die Notwendigkeit eines formellen Gesetzes damit, daß Vereinbarungen mit der betroffenen Industrie über die Beschränkung des Einsatzes bestimmter Produkte angesichts der Vielzahl der auf dem Markt befindlichen Produkte und im Hinblick auf einen häufig sehr großen Anwenderkreis kein geeignetes Mittel seien, um zu einer nachhaltigen Reduzierung des Eintrags gefährlicher Stoffe in Gewässer zu gelangen[115]. Nach Ansicht der Bundesregierung können normvertretende Absprachen somit nur erfolgreich sein, wenn und soweit der Kreis der Beteiligten und der Gegenstand der Absprache hinreichend überschaubar sind.

Diese These steht vordergründig im Widerspruch zu dem Hauptgrund für den Abschluß normvertretender Absprachen, der in der fehlenden staatlichen Durchsetzungsfähigkeit infolge der ständig komplexer werdenden ökonomischen und ökologischen Struktur unserer Industriegesellschaft liegt[116]. Es stellt sich die Frage, ob es in einer komplexer werdenden Industriegesellschaft überhaupt noch Fälle im Sinne der postulierten Erfolgsbedingungen gibt, in denen der Gegenstand und der

---

113   Vgl. hierzu auch *Krüger*, Zusammenarbeit; ebenso *Ritter*, AöR, 104 (1979), 389 ff.; hierzu kritisch *Grüter*, S. 49 f.

114   Vgl. BT-Drs. 10/3973, S. 1.

115   Vgl. BT-Drs. 10/3973, S. 2.

116   Vgl. oben Kap. B III 2 a.

Kreis der Beteiligten für den Erfolg einer Absprache hinreichend überschaubar sind. Sollte es Fälle mit hinreichender Überschaubarkeit geben, könnten dies gerade solche sein, in denen der Gesetzgeber gar nicht gezwungen wäre, sich auf Absprachen einzulassen.

Die zunehmende Komplexität unserer Industriegesellschaft beruht jedoch nicht primär auf einer sich vergrößernden Zahl der am ökonomischen Prozeß Beteiligten oder auf den mit der Bestimmung eines Regelungszieles verbundenen Schwierigkeiten, sondern vielmehr auf den kaum noch zu überblickenden Wechselwirkungen zwischen Produktionsverfahren, Konsumgewohnheiten und der globalen ökonomischen und ökologischen Situation. So ist z.B. das Regelungsziel "Reduzierung der chemischen Einträge in Gewässer" ohne Schwierigkeiten klar zu bestimmen. Es ist jedoch unklar, welche Mittel der Industrie für die Erreichung dieses Zieles zur Verfügung stehen, wie sich die Umstellung einer Produktion in anderen Bereichen unserer Volkswirtschaft auswirkt und wo die Grenzen des technisch Machbaren liegen. Es verbleiben daher, trotz der von der Bundesregierung gemachten Einschränkung, viele Fälle, in denen die Anwendung normvertretender Absprachen sinnvoll sein könnte.

Dennoch muß die Frage gestellt werden, ob die These der Bundesregierung zutrifft. Wie oben gezeigt[117], werden "Gentlemen`s Agreements" zwischen sich auf der Ebene der Gleichordnung gegenüberstehenden Partnern geschlossen, wenn der erstrebte Erfolg im Vertrauen auf das Wort des Partners oder mit Hilfe einer "Bindung an den Anstand" erreicht werden soll. Entscheidend ist das Vertrauen zwischen den Partnern. Dieses wechselseitige Vertrauen ist auch für das Verhältnis zwischen den an normvertretenden Absprachen beteiligten staatlichen und privaten Absprachepartnern erforderlich[118]. Ohne das Vertrauen in die Bereitschaft des Absprachepartners lediglich aufgrund einer Absprache den gewünschten Erfolg herbeizuführen, wird sich niemand auf dieses Instrument einlassen[119]. Vertrauen kann

---

117   Vgl. Kap. B III 1.
118   Vgl. *von Zezschwitz*, JA 1978, 497 (501).
119   So auch *Schulze-Fielitz*, Der informale Verfassungsstaat, S. 86, der von Vereinbarungstreue spricht.

aber nur dann bestehen, wenn die beteiligten Kreise überschaubar sind, der Regelungsgegenstand eindeutig festgelegt ist und Außenseiter entweder keine Rolle spielen oder eliminiert werden können[120]. Normvertretende Vereinbarungen zwischen Staat und Industrie setzen also eine Wirtschaftsstruktur voraus, in der es möglich ist, durch Verhandlungen mit wenigen einen gesamten Wirtschaftssektor zu steuern[121]. Soweit Absprachen nicht mit den betroffenen Industrieunternehmen selber, sondern mit den einen Wirtschaftssektor repräsentierenden Verbänden getroffen werden, kann dies nur erfolgreich geschehen, sofern und soweit die Verbände einen starken Einfluß auf die von ihnen vertretenen Unternehmen besitzen. Die Bundesregierung geht daher in zutreffender Weise davon aus, daß der Kreis der an einer Absprache Beteiligten nicht zu groß sein darf.

Auch die Überschaubarkeit des Gegenstandes einer Absprache erscheint als wesentliche Funktionsfähigkeitsvoraussetzung. Sie steht in unmittelbarem Zusammenhang mit der Überschaubarkeit des Kreises der Beteiligten. Beabsichtigt der Gesetzgeber z.B., alle stofflichen Einträge in Gewässer um 20% zu reduzieren, ist der zu regelnde Gegenstand so weit, daß an einer solchen Absprache nahezu die gesamte deutsche Industrie beteiligt werden müßte, da jeder Industriebereich betroffen wäre. Soll hingegen nur die Verwendung von Fluorchlorkohlenwasserstoffen im Treibgas beschränkt werden, ist der Gegenstand und damit auch der Kreis der Beteiligten so klar beschränkt, daß eine Regelung, die ihre Geltungskraft primär aus wechselseitigem Vertrauen gewinnt, denkbar erscheint.

2. Fehlende Drittbetroffenenbeteiligung und Öffentlichkeitsdistanz

Nur mittelbar von einer Absprache Betroffene (sog. Drittbetroffene) bzw. deren Interessenverbände, z.B. Verbraucher- oder Umweltschutzorganisationen, werden nur selten an den Verhandlungen über den Abschluß einer normvertretenden Ab-

---

120   Dies belegen die Heizölabsprachen 1958 und 1964 deutlich, deren unterschiedliche Erfolge gerade im Verhalten gegenüber Außenseitern begründet waren, hierzu oben Kap. B I Bsp. 1 und 2.

121   Vgl. v. *Zezschwitz*, JA 1978, 497 (501); *Rüfner*, DVBl. 1976, 689 (694); *Oebbecke*, DVBl 1986, 793 (796).

sprache beteiligt.[122] So bleibt der Kreis der an der Absprache Beteiligten klein und der Abschluß der Absprache wird erleichtert.[123] Zu mittelbar Betroffenen kann aufgrund ihrer Vielzahl häufig kein Vertrauensverhältnis bestehen. Anders ist dies jedoch, wenn Drittbetroffene in organisierter Form, etwa in Gestalt eines Verbandes, an den Absprachen beteiligt werden können. In diesen Fällen kann die Beteiligung organisierter Drittbetroffener nicht nur die Informationslage bei allen Beteiligten verbessern und so sachgerechtere Regelungen ermöglichen, sondern auch zu höherer Akzeptanz der getroffenen Regelung bei den Drittbetroffenen führen.

Eine Institutionalisierung einer Drittbetroffenenbeteiligung - etwa durch eine gesetzliche Vorgabe - verbietet sich jedoch aufgrund der sehr unterschiedlichen Größe des Kreises der Betroffenen, häufig wäre eine Vielzahl von Verbänden zu beteiligen[124]. Daher ist es ausgeschlossen, alle Drittbetroffenen regelmäßig zu Absprachepartnern zu machen. Der möglicherweise große Kreis der Drittbetroffenen könnte jedoch zumindest regelmäßig in einem geordneten Verfahren angehört werden. Eine solche Anhörung könnte in den Fällen, in denen Drittbetroffene nicht Absprachepartner werden können, zur Verbesserung der Informationslage aller Beteiligten beitragen. Die von *SchulzeFielitz* aufgestellte These, eine gewisse Öffentlichkeitsdistanz und damit verbunden das Fehlen einer Drittbetroffenenbeteiligung sei bei allen informalen Vorgängen erforderlich, um Vertraulichkeit zu wahren[125], kann für das Verfahren bis zum Abschluß der normvertretenden Absprachen i.e.S. daher nur eingeschränkt bestätigt werden.

Soweit *SchulzeFielitz* auch das Ergebnis der Verhandlungen, also die normvertretende Absprache i.e.S., als vertraulich ansieht, widerspricht dem bereits die heutige Praxis der regelmäßigen Veröffentlichung der abgeschlossenen Absprachen[126]. Die Öffentlichkeit kann Garant für den Erfolg einer Absprache werden, da eine Veröf-

---

122 Bekannt ist nur die Beteiligung von Verbraucherschutzverbänden an der Absprache zur Sicherung des Leistungswettbewerbs, vgl. hierzu oben Kap. B I Bsp. 7.

123 Vgl. hierzu *Oebbecke*, DVBl. 1986, 793 (794).

124 auch *Schulze-Fielitz*, Der informale Verfassungsstaat, S. 136.

125 Vgl. *Schulze-Fielitz* a.a.O., S.86 u. 135

126 Z.B. in der Zeitschrift "Umwelt".

fentlichung zu einer Verstärkung des moralischen Drucks auf den privaten Absprachepartner, die Absprache einzuhalten, führen kann.

Öffentlichkeitsdistanz und fehlende Drittbetroffenenbeteiligung sind daher nicht generell Funktionsfähigkeitsvoraussetzung für normvertretende Absprachen.

3. Vertrauensbildende Maßnahmen

Vertrauen bildet sich nur durch regelmäßige Kontakte zwischen den potentiellen Absprachepartnern. Intensive und regelmäßige Kontakte bereits im Vorfeld der zu treffenden Absprache, aber auch während ihres Vollzugs sind daher für den Erfolg einer Absprache unerläßlich[127].

4. Tauschgerechtigkeit

Erforderlich für das Zustandekommen und den Erfolg einer Absprache ist ein "Interessenausgleich auf der Grundlage des Tauschprinzips"[128]. Absprachen werden nur dann eingehalten, wenn alle Beteiligten das Einhalten als für sich lohnend ansehen können[129]. Dies führt nach Ansicht von v. Zezschwitz dazu, daß die durch eine Absprache begründeten Verpflichtungen für die Wirtschaft nicht zu hart, insbesondere nicht existenzgefährdend sein dürften[130], mit der Folge, daß normvertretende Absprachen nur als "Schönwetterinstrumente" eingesetzt werden könnten[131].

Bei allen bekannt gewordenen normvertretenden Absprachen ist es zu einem Interessenausgleich auf der Grundlage des Tauschprinzips gekommen. Tauschgut des Staates war entweder der Verzicht auf den Einsatz hoheitlicher Maßnahmen, also auf den Erlaß von Gesetzen, oder aber die Zusage von Subventionen. Denkbar sind jedoch auch Absprachen, die lediglich aufgrund staatlicher Appelle zustandekom-

---

127   Vgl. *Bohne*, JbRSoz 1982, 266 (273).
128   *Bohne*, JbRSoz 1982, 266 (271).
129   Vgl. *Bohne*, JbRSoz 1982, 266 (271); *Schulze-Fielitz*, a.a.O., S. 88 u. 148.
130   *Vgl. Zezschwitz*, JA 1978, 497 (501).
131   So ausdrücklich auch *Tuchtfeldt* in Festschrift für Günther Schmölders, S. 138 ff.; vgl. aber auch *Bohne*, JbRSoz 1982, 266 (275).

men. Allerdings ist die altruistische Bereitschaft der Unternehmen, zugunsten des Gemeinwohls auf eigene Gewinnmaximierung zu verzichten, zwar insbesondere zu Zeiten erhöhten öffentlichen Problembewußtseins[132] nicht auszuschließen, aber doch nicht typisch für ein marktwirtschaftlich orientiertes Gesellschaftssystem. Allein staatliche Überzeugungsarbeit, ohne die Drohung mit der "Peitsche" der gesetzlichen Regelung bzw. die Lockung mit dem "Zuckerbrot" Subventionen, erscheint in der Regel nicht dazu geeignet, normvertretenden Absprachen zum Erfolg zu verhelfen[133]. Wenn nämlich richtig ist, daß eine Absprache sich für alle Beteiligten lohnen muß, dann liegt der Lohn für die beteiligten Unternehmen gerade darin, daß auf die "Peitsche" verzichtet wird. Ein marktwirtschaftlich handelndes Unternehmen wird eine öffentliche Aufgabe im Regelfall nur dann zu seiner eigenen machen[134], wenn es einen Vorteil in einer derartigen Absprache erkennen kann. Dieser Vorteil kann z.B. in der Vereinbarung einer geringeren Einschränkung der bisherigen Produktion des Unternehmens, als dies zunächst von den staatlichen Stellen vorgesehen war, liegen, kann jedoch ebenso darauf beschränkt sein, daß der Eingriff in die unternehmerische Freiheit präziser erfolgt, als dies bei einem Gesetz möglich wäre. Damit zeigt sich, daß normvertretende Absprachen nicht nur, wie *v. Zezschwitz* behauptet[135], als "Schönwetterinstrumente" eingesetzt werden können. Wenn als Ergebnis der Verhandlungen eine Absprache vereinbart wird, die die beteiligten Unternehmen verpflichtet, in einem bestimmten Produktionsbereich erhebliche Einschränkungen vorzunehmen, die aber alle anderen Produktionsbereiche unberührt läßt, so kann dies für die Unternehmen günstiger sein, als eine generalisierende gesetzliche Regelung, die möglicherweise auf alle Produktionsbereiche negative Auswirkungen hätte. Entscheidend ist nicht die Intensität des vereinbarten Eingriffs in die unternehmerische Freiheit der privaten Absprachepartner, sondern die Gesamtbilanz der Vereinbarungen. In der Gesamtbilanz muß sich eine normvertretende Absprache für alle Beteiligten lohnen.

---

132   Dies ist im Moment insbesondere im Bereich des Umweltschutzes zu beobachten.

133   Vgl. *v. Zezschwitz*, JA 1978, 497 (501).

134   Insoweit anders, allerdings sehr idealisierend, *Krüger*, Zusammenarbeit.

135   *v. Zezschwitz*, JA 1978, 497 (501).

5. Zusammenfassung

Normvertretende Absprachen haben Aussicht auf Erfolg, wenn
1. der Kreis der Beteiligten überschaubar ist,
2. zwischen den Beteiligten ein Vertrauensverhältnis besteht,
3. der Absprachegegenstand hinreichend begrenzt ist,
4. wechselseitige Tauschleistungen möglich sind, die sich für alle Beteiligten lohnen.

V. Vorzüge und Risiken normvertretender Absprachen

Unter dem Aspekt effektiver Umweltpolitik sind die Vorzüge und die Nachteile, die Absprachen gegenüber gesetzlichen Regelungen charakterisieren, schon häufig und umfassend dargestellt worden[136]. Daher beschränkt sich die vorliegende Arbeit auf eine Zusammenstellung und Würdigung der wesentlichen Aspekte.

1. Vorzüge

a) Erhöhte Flexibilität

Als wesentlichster und wohl auch unumstrittenster Vorteil erscheint die den Absprachen innewohnende erhöhte Flexibilität[137]. Sie können ohne größere Schwierigkeiten sich verändernden ökonomischen oder ökologischen Rahmenbedingungen angepaßt werden und so dem ständigen technologischen und wirtschaftlichen Wandel in einem modernen Industriestaat Rechnung tragen. Sollte sich eine Absprache als unpraktikabel erweisen, so kann sie problemlos geändert oder aufgehoben

---

136 Vgl. z.B. *Rengeling*, Kooperationsprinzip, S. 69 ff.;*Hartkopf/Bohne*, Umweltpolitik 1, S. 227 ff.; *Bohne*, JbRSoz 1982, 266 (273 ff.); *Grüter*, Kooperationsprinzip, S. 88 ff.; *v. Lersner*, Verwaltungsrechtliche Instrumente, S. 23; *Kloepfer*, JZ 1991, 737 (738).

137 Vgl. *Hartkopf/Bohne*, a.a.O., S. 228; *Bohne*, Der informale Rechtsstaat, S. 273, 275; *ders.*, JbRSoz 1982, 266 (274); *ders.*, VerwArch 75 (1984), 343 (361); *Becker*, DÖV 1985, 1003 (1010); *Oebbecke*, DVBl 1986, 793 (794); *Rengeling*, a.a.O., S. 71; *Tuchtfeldt*, Gentlemen's Agreements, S. 145-148; *v. Zezschwitz*, JA 1978, 497 (501), der allerdings hierin kein durchschlagendes Argument zugunsten von Absprachen sieht, da seines Erachtens auch Gesetze schnell verändert werden können.

werden. Absprachen ermöglichen es daher, im Wege des "trial and error" neue Instrumente zur Lösung eines Problems zu erproben[138].

b) Verbesserte Problemlösungen

Durch die Nutzung des in den Betrieben vorhandenen Sachverstandes können Regelungen vereinbart werden, die ein Problem lösen, ohne nicht gewollte Nebenwirkungen zu erzeugen[139].

c) Reduzierung des Überwachungsbedarfs

Normvertretende Absprachen reduzieren den Überwachungsbedarf staatlicher Stellen, da die Absprachepartner im Regelfall daran interessiert sind, das in sie gesetzte Vertrauen nicht zu enttäuschen, um zu einem späteren Zeitpunkt das Vertrauen erneut in Anspruch nehmen zu können[140].

d) Abbau von Rechtsunsicherheit

Absprachen können zu einem Abbau von Rechtsunsicherheit führen. Die Beteiligten gewinnen in den Verhandlungen einen Einblick in den Entscheidungshintergrund des Absprachepartners und kommen zu einem übereinstimmenden Verständnis der getroffenen Vereinbarungen[141]. So werden langwierige und im Ausgang unsichere Rechtsstreitigkeiten über die Auslegung von Gesetzen vermieden[142]. Es handelt sich daher bei Absprachen um Instrumente, die zur Konfliktvorbeugung und -regulierung besonders gut geeignet sind[143]. Gleichzeitig soll aber bereits an dieser Stelle nicht verschwiegen werden, daß ein Wesensmerkmal von Absprachen ihre mangelnde

---

138   Vgl. *Schulze-Fielitz*, Der informale Verfassungsstaat, S. 103.
139   Vgl. hierzu *Hartkopf/Bohne*, a.a.O., S. 228; Müggenborg, NVwZ 1990, 909 (915); und
       unten Kap. B V 2.
140   Vgl. *Hartkopf/Bohne*, a.a.O., S. 229.
141   Vgl. *Bauer*, VerwArch 78 (1987), 241 (250); *Hartkopf/Bohne*, a.a.O., S. 228.
142   Vgl. *Hartkopf/Bohne*, a.a.O., S. 229; *Rengeling*, Kooperationsprinzip, S. 71;
       Müggenborg, a.a.O., 909 (915).
143   Vgl. *Hartkopf/Bohne*, a.a.O., S. 228.

Rechtsbeständigkeit ist, da, wie noch zu zeigen sein wird[144], es grundsätzlich keinen Anspruch auf Einhaltung der Absprachen gibt. So kann eine Absprache Rechtssicherheit hinsichtlich der Auslegung der Vereinbarung und gleichzeitig Rechtsunsicherheit über ihre Dauer schaffen.

e) Freiheitschonenderes und marktkonformeres Mittel

Darüber hinaus werden Absprachen in der Literatur als im Vergleich zum Gesetz freiheitschonenderes und marktkonformeres staatliches Mittel bezeichnet[145]. Diese Aussage ist jedoch in ihrer Pauschalität problematisch. So zeigen insbesondere die Heizölkartellabsprachen, daß Absprachen gerade den Zweck haben können, Marktmechanismen auszuschalten. Ihre angeblich freiheitschonendere Wirkung muß in dreierlei Hinsicht in Frage gestellt werden. Erstens kommen die Absprachen häufig nicht völlig freiwillig, sondern unter erheblichem staatlichen Druck zustande, es handelt sich sozusagen um eine "feinere Form der Nötigung"[146]. Zweitens begibt sich der private Absprachepartner teilweise der rechtsstaatlichen Kontrollmöglichkeiten, die er gegenüber einem Gesetz besäße[147]. Drittens können durch die Absprache mittelbar betroffene Dritte erheblich in ihren Freiheiten beschnitten werden[148].

2. Risiken

Die Risiken und Probleme, die informale Absprachen mit sich bringen, werden in der Literatur[149] immer wieder betont.

---

144   Vgl. Kap. D I 2 a cc (1).

145   Vgl. *Becker*, DÖV 1985, 1003 (1005) unter Hinweis auf die Leitlinien zur Verwaltungsvereinfachung in Bayern (Heft 3), Juli 1984, Leitsätze Ziffer 2.1.2 und 2.2.1. Diese These wird unter der Fragestellung, ob normvertretende Absprachen Vorrang gegenüber dem Gesetz besitzen, nochmals aufgegriffen werden, vgl. hierzu unten Kap. G.

146   So ausdrücklich *Kloepfer*, VVDStRL 38 (1980), S. 373; ebenso *Kaiser*, NJW 1971, 585 ff.; hierzu näher unten Kap. E III 1 a und b.

147   hierzu näher unten Kap. E III 1.

148   hierzu näher unten Kap. E III 2.

149   Vgl. nur *Rengeling*, Kooperationsprinzip, S. 70.

a) Kollaboration zwischen den Absprachepartnern

Insbesondere wird das Risiko des Umschlagens einer Kooperation zwischen Staat und Wirtschaft in Kollaboration zwischen den Absprachepartnern genannt[150]. Durch die ständige Zusammenarbeit zwischen staatlichen Stellen und privaten Absprachepartnern besteht das Risiko, daß die staatlichen Stellen ihre Tätigkeit zu stark an den Interessen der privaten Absprachepartner ausrichten. Die erforderliche Unabhängigkeit, um Allgemeininteressen zu formulieren[151] und in den Verhandlungen über eine Absprache die Interessen der nicht förmlich beteiligten, aber faktisch betroffenen Dritten mit zu berücksichtigen, könnte verloren gehen. Das Risiko, daß bei normvertretenden Absprachen die Interessen betroffener Dritter nicht hinreichend berücksichtigt werden, wird nach Ansicht mancher Autoren durch eine starke Öffentlichkeitsdistanz und das Fehlen formalisierter Drittbeteiligungsverfahren verstärkt[152]. Ohne Kontrolle durch die sogenannte "Öffentliche Meinung" könnten Partikularinteressen leicht als Interesse der Allgemeinheit erscheinen. Die Rechtsschutzmöglichkeiten Dritter seien häufig schon deshalb begrenzt, weil es keine veröffentlichten schriftlichen Vereinbarungen gebe, die einer gerichtlichen Kontrolle unterworfen werden könnten[153].

Die kritisierte Öffentlichkeitsdistanz beim Abschluß normvertretender Absprachen ist jedoch, wie oben gezeigt[154], nicht zwingende Voraussetzung für den Erfolg einer Absprache. Vielmehr kann die Anhörung betroffener Dritter die Entscheidungsgrundlagen verbessern. Eine veränderte Veröffentlichungspraxis kann aufgrund der Kontrollmöglichkeiten durch die Öffentlichkeit die Umsetzung normvertretender Absprachen erleichtern. Mit einer verstärkten öffentlichen Kontrolle sinkt

---

150 Vgl. hierzu *Hoffmann/Riem*, VVDStRL 40 (1982), S. 194 ff.; *Papier*, ebenda, S. 287 ff.; *Badura*, ebenda, S. 292 ff.; *Bohne*, JbRSoz 1982, 266 (275); *Rengeling*, Kooperationsprinzip, S. 70; *Grüter*, Kooperationsprinzip, S. 83; aber auch schon *Winter*, NJW 1979, 399 ff.

151 Vgl. *Hoffmann-Riem*, a.a.O., S. 209 ff.

152 Vgl. *Hoffmann-Riem*, a.a.O., S. 211; *Schulze-Fielitz*, Der informale Verfassungsstaat, S. 135; hierzu oben Kap. B IV 2.

153 Vgl. *Hoffmann-Riem*, a.a.O., S. 213; hierzu näher unten, Kap. E IV 2.

154 Vgl. Kap. B IV 2.

zugleich das Risiko des Umschlagens einer Kooperation in Kollaboration. Durch die Beachtung der rechtsstaatlichen Grenzen der Kooperation[155] kann das Risiko weiter gesenkt werden.

Der Staat kann wegen der fehlenden Fachkompetenz und des fehlenden Überwachungspotentials auf Kooperation mit Privaten in unserer modernen Industriegesellschaft nicht mehr verzichten. Es müssen daher Verfahren gefunden werden, die normvertretende Absprachen nicht unmöglich machen, aber sicherstellen, daß staatliche Instanzen durch Kooperation nicht die Freiheit verlieren, Interessen der Allgemeinheit gegen den Absprachepartner durchzusetzen. Möglichkeiten einer rechtsstaatlichen Kontrolle normvertretender Absprachen werden daher im weiteren Verlauf der Arbeit einen wesentlichen Schwerpunkt der Erörterung bilden[156].

b) Kein Mittel zur Gefahrenabwehr

V. Lersner behauptet, normvertretende Absprachen könnten nur im Bereich der Gefahrenvorsorge Anwendung finden, da bei ihrem Einsatz als Mittel zur Bekämpfung einer bereits eingetretenen Gefahr das Risiko der Nichteinhaltung zu hoch sei[157]. Gleichzeitig bescheinigt er den normvertretenden Absprachen, daß sie mindestens so wirksam sind wie Ge- oder Verbote, da die beteiligten Unternehmen ihren Sachverstand in die Verhandlungen einbringen und daher Regelungen vereinbart werden, die besonders effektiv vollzogen werden können[158]. Ge- und Verbote sind heute insbesondere im Bereich der Umweltpolitik häufig mit einem Vollzugsdefizit belastet[159]. Absprachen hingegen werden, wenn sie sich für alle Beteiligten "lohnen"[160], normalerweise auch umgesetzt. Als allgemeingültige Aussage erscheint somit die Behauptung, normvertretende Absprachen seien nur im Vorsorgebereich denkbar, kaum haltbar. Es ist eine Frage des Einzelfalles, ob die Vertrauensstruktu-

---

155 Hierzu näher unten Kap. E III 3.

156 Vgl. unten Kap. E und F.

157 Vgl. *v. Lersner*, Verwaltungsrechtliche Instrumente, S. 23.

158 Vgl. *v. Lersner*, a.a.O.

159 hierzu oben Kap. B III 2 a.

160 Vgl. hierzu oben Kap. B IV 4.

ren zwischen den Absprachepartnern so gefestigt sind, daß auch die Beseitigung echter Gefahren mittels normvertretender Absprachen geregelt werden kann.

c) Reduzierung des umweltpolitisch Machbaren

Dementsprechend kann auch die Behauptung[161] nicht überzeugen, daß mit Absprachen aufgrund ihres Tauschcharakters eine Reduzierung des umweltpolitisch Machbaren unmittelbar verbunden sei, da beide Seiten einen "Preis" für die Absprache zu zahlen hätten. Den Kritikern ist zuzugeben, daß eine Absprache häufig nicht die Rigidität einer gesetzlichen Regelung haben wird, jedoch wird übersehen, daß gerade die scharfen gesetzlichen Regelungen häufig unter einem Vollzugsdefizit leiden, da es an staatlicher Überwachungsfähigkeit fehlt[162]. *Hoppe* betont zu Recht die Chancen, die im Zusammenwirken zwischen dem Staat und den gesellschaftlichen Kräften liegen[163]. Mit einer scheinbar weniger weitgehenden, aber durchsetzbaren Absprache wird häufig umweltpolitisch mehr erreicht werden, als mit einem nur unter Schwierigkeiten durchsetzbaren Gesetz[164]. Es ist eine Frage des Einzelfalls, wann im Interesse einer vollzugsfähigen Regelung eine eventuelle Abmilderung der Regelungsschärfe und Senkung des Regelungsniveaus hingenommen werden kann[165].

d) "Spielen auf Zeitgewinn"

Außerdem wird behauptet, Absprachen seien mit dem Risiko einer Hinhaltetaktik seitens der Industrie verbunden, um mittels leerer Versprechungen Zeitvorteile zu gewinnen[166]. Auch dieses "Spielen auf Zeitgewinn" erscheint als geringes Risiko, da

---

161   Vgl. *Hartkopf/Bohne*, Umweltpolitik 1, S. 229; *Bohne*, JbRSoz 1982, 266 (275); *Grüter*,
       Kooperationsprinzip, S. 82; Lange, VerwArch 81 (1991), 1 (10 f.).

162   hierzu oben Kap. B III 2 a.

163   *Hoppe*, VVDStRL 38 (1980), S. 309.

164   So schon *Kloepfer*, UPR 1981, 41 (45); Müggenborg, NVwZ 1990, 909 (915).

165   vgl. hierzu *Hoffmann-Riem*, VVDStRl 40 (1982), S. 205.

166   Vgl. *Hartkopf/Bohne*, Umweltpolitik 1, S. 229; *Bohne*, JbRSoz 1982, 266 (275); *v.
       Lersner*, Verwaltungsrechtliche Instrumente, S. 24; Müggenborg, a. a. O., 909 (915).

ein solches Verhalten die in aller Interesse notwendige Vertrauensbasis zerstören würde und daher von keinem der Absprachepartner gewünscht sein kann.

VI. *Zusammenfassung*

Zusammenfassend kann daher gesagt werden, daß staatlich beeinflußte normvertretende Absprachen aus verwaltungswissenschaftlicher Sicht zwar kein Allheilmittel zur gesellschaftlichen Verhaltenssteuerung sind, jedoch unter Berücksichtigung ihrer spezifischen Wirkweise und der spezifischen Voraussetzungen für ihre Funktionsfähigkeit dort eine sinnvolle Ergänzung der bestehenden staatlichen Handlungsformen sein können, wo die Komplexität der ökonomischen und ökologischen Zusammenhänge zu einer engen Kooperation zwischen Staat und Industrie zwingen.

C. Die Rechtsnatur normvertretender Absprachen

I. Die Handlungsform

1. Die staatliche Einflußnahme

Eine normvertretende Absprache kommt im Regelfall infolge einer Beeinflussung der privaten Absprachepartner durch staatliche Stellen zustande. Diese staatliche Einflußnahme soll zunächst im Mittelpunkt der rechtlichen Analyse stehen.

Der Staat droht mit dem Erlaß von Rechtsnormen, richtet Appelle an die privaten Absprachepartner oder stellt eine Leistung in Aussicht. Alle diese Handlungsformen sind offensichtlich nicht unmittelbar auf das Setzen einer Rechtsfolge ausgerichtet, da zum Zeitpunkt der Drohung, des Appells oder des InAussichtStellens nicht absehbar, geschweige denn für den Staat durchsetzbar ist, daß sich die privaten Absprachepartner auf die gewünschte normvertretende Absprache einlassen. Es handelt sich damit nach herkömmlicher Handlungsformenlehre um einen sog. staatlichen Realakt[167]. Der mit Hilfe dieses Realaktes zu erreichende tatsächliche Erfolg ist in den erstrebten Verhandlungen über die sog. "freiwillige" Umsetzung des staatlich gewünschten Zieles zu sehen.

Mit der Beschreibung als Realakt ist allerdings kaum ein Fortschritt für die rechtliche Bewertung erzielt, da unter dem Stichwort Realakt ein Konglomerat verschiedenartigster staatlicher Handlungsformen zusammengefaßt wird, was eine differenzierte rechtliche Bewertung erforderlich macht[168]. Mit dieser Einordnung ist noch nicht einmal eine Aussage darüber getroffen, ob dieser Realakt dem öffentlichen Recht oder dem Privatrecht zuzuordnen ist oder ob er sich einer Zuordnung vollständig verschließt.

2. Die normvertretende Absprache im eigentlichen Sinne

a) Einordnung als Vertrag

Noch erheblich schwieriger stellt sich die Beschreibung der auf die staatliche Beeinflussung folgenden Absprache i.e.S. dar. Sie besitzt vertragsähnliche Elemente, wird aber gleichzeitig dadurch geprägt, daß alle Absprachepartner von ihrer rechtlichen Unverbindlichkeit ausgehen[169]. Dieser fehlende Rechtsbindungswille führt zwar nicht automatisch dazu, daß es für derartiges Handeln keine Rechtsmaßstäbe geben kann, eine Einordnung als Vertrag ist jedoch ausgeschlossen[170]. Ein Vertrag,

---

167   So auch *Bohne*, VerwArch. 75 (1984), 343 (345); *Oebbecke*, DVBl. 1986, 793 (795); *Rengeling*, Kooperationsprinzip, S. 180; zum Begriff des Realaktes *Wolff-Bachof*, Verwaltungsrecht I, § 45 II a; *Erichsen* in: Erichsen/Martens, Allgemeines Verwaltungsrecht, S. 363 ff.; *Maurer*, Allgemeines Verwaltungsrecht, § 15, Rdnr. 1.ff.

168   Zur Problematik des Realaktes umfassend *Krause*, Rechtsformen des Verwaltungshandelns, S. 6 f.

169   Vgl. hierzu *Bohne*, VerwArch. 75 (1984), 343 (361); *Becker*, DÖV 1985, 1003 (1010); *Oebbecke*, DVBl. 1986, 793 (794); *Rengeling*, Kooperationsprinzip, S. 177; *Müggenborg*, NVwZ 1990, 909 (915).

170   Vgl. hierzu *Erichsen*, in: Erichsen/Martens, Allgemeines Verwaltungsrecht, § 35, S. 372; echte Vertragswirkungen scheinen hingegen *v.Zezschwitz*, JA 1978, 497 (501 f.) und *Kloepfer*, UPR 1981, 45, anzunehmen, die dies allerdings nicht näher begründen.

gleichgültig ob privatrechtlicher, staatsrechtlicher oder verwaltungsrechtlicher Natur, läge nur vor, wenn sich mindestens zwei Beteiligte durch übereinstimmende Willenserklärung auf das Setzen von Rechtsfolgen einigten[171]. Ob dies der Fall ist, ist auch für normvertretende Absprachen aus der Sicht eines objektiven Dritten zu beurteilen[172]. Es widerspräche aber dem erklärten, auch für einen objektiven Dritten offensichtlichen Willen der Absprachepartner, ihnen nach dem Abschluß der Absprache den übereinstimmenden Willen zum Setzen von Rechtsfolgen zu unterstellen. Ein Vorzug der normvertretenden Absprachen liegt in ihrer Flexibilität als Folge der fehlenden rechtlichen Verbindlichkeit. Diesen Vorzug wollen alle Beteiligten für sich nutzen. Normvertretende Absprachen können daher bereits wegen des entgegenstehenden Willens der Beteiligten nicht als Verträge qualifiziert[173] werden .

Kloepfer[174] vertritt die Auffassung, normvertretende Absprachen seien auch aus rechtlichen Gründen im Zweifel als nicht rechtsverbindlich auszulegen. Soweit die Auslegung einen Rechtsbindungswillen ergäbe, handele es sich um unzulässige echte Normsetzungsverträge. Dieses Argument greift jedoch insoweit zu kurz, als es sich bei normvertretenden Absprachen - deren Rechtsverbindlichkeit unterstellt - lediglich um sogenannte unechte Normsetzungsverträge[175] handeln würde, bei denen der Staat sich nicht zum Erlaß einer Norm, sondern lediglich zur Beibehaltung der bestehenden Rechtslage verpflichten würde. Dies ist bei normvertretenden Absprachen regelmäßig der Fall. Es wird vereinbart, daß der Staat auf Normsetzung verzichtet, und nicht, daß die Vereinbarung an die Stelle der Norm tritt[176]. Normvertretende Absprachen würden, auch wenn man ihre Rechtsverbindlichkeit un-

---

171   Vgl. hierzu z.B. *Kirchhof* in: Isensee/Kirchhof, Handbuch des deutschen Staatsrechts Bd. 3, § 59, Rn. 149 ff.; *Erichsen*, in: Erichsen/Martens, Allgemeines Verwaltungsrecht, § 24, S. 312.

172   Vgl. hierzu *Scherer*, DÖV 1991, 1 (3), m. w. Hinweisen auf die öffentlichrechtliche und zivilrechtliche Literatur.

173   a. A. *Scherer*, DÖV 1991, 1 (4), der normvertretende Absprachen als verwaltungsrechtliche Verträge qualifiziert, ohne allerdings den Rechtsbindungswillen der Beteiligten nachweisen zu können.

174   *Kloepfer*, Umweltrecht, § 4, Rdnr. 260.

175   Zu diesen *Meyer* in Meyer/Borgs, VwVfG, § 54 Rdnr. 54 ff.

176   im Ergebnis ebenso Scherer, DÖV 1991, 1 (4 f.).

terstellt, nicht wie eine Rechtsnorm Geltungskraft gegenüber jedermann, sondern nur zwischen den Vertragsbeteiligten entfalten. Unechte Normsetzungsverträge sind nach h.M. zulässig, wenn und soweit sie auf einem entsprechenden Beschluß des zur Normsetzung befugten Organs beruhen[177]. Rechtsverordnungsersetzende Absprachen werden, wie die dargestellten Beispiele zeigen[178], regelmäßig von den Organen geschlossen, die auch für den Erlaß der Rechtsverordnung zuständig wären; lediglich bei parlamentsgesetzersetzenden Absprachen wäre die Exekutive möglicherweise gehindert, einen unechten Normsetzungsvertrag mit den privaten Absprachepartnern zu schließen.

Es bleibt daher festzuhalten, daß es für die Feststellung des Bindungswillens der Beteiligten keine aus verfassungsrechtlichen Vorgaben ableitbare Zweifelsfallregel gibt. Es muß jeweils im Einzelfall festgestellt werden, ob ein Rechtsbindungswille bei Abschluß der Absprache vorlag. Wie gezeigt, wollen sich die Beteiligten beim Abschluß normvertretender Absprachen jedoch regelmäßig bewußt der Anwendung von Rechtsnormen entziehen, so daß ihnen ein Rechtsbindungswille nicht unterstellt werden kann. Dementsprechend verbleibt es bei dem durch Auslegung gewonnenen Ergebnis, daß normvertretende Absprachen nicht als Verträge angesehen werden können.

b) Einordnung als Rechtsnorm

Eine Rechtsnorm wird definiert als eine hoheitliche Anordnung, die für eine unbestimmte Vielzahl von Personen allgemein verbindliche Regelungen enthält[179]. Gegen eine Einordnung normvertretender Absprachen i.e.S. als Rechtsnorm im definierten Sinne spricht der bei allen Beteiligten fehlende Rechtsbindungswille. Die normvertretende Absprache i.e.S. soll gerade nicht allgemein verbindlich sein. Außerdem würde es sich um Rechtsnormen in der Form einer vertragsähnlichen Regelung handeln, die in unserer Rechtsordnung, abgesehen von den Staatsverträgen

---

177   Vgl. *Meyer* in: Meyer/Borgs, VwVfG, § 54 Rdnr. 54 ff.
178   Vgl. oben Kap. B I.
179   Vgl. *Creifelds*, Rechtswörterbuch, S. 485.

zwischen souveränen Staaten, nicht vorgesehen sind[180]. Als Satzungen könnten normvertretende Absprachen i.e.S. nur aufgefaßt werden, wenn den Absprachepartnern Satzungsautonomie verliehen wäre, was offensichtlich nicht der Fall ist.

c) Einordnung als schlichtes Staatshandeln

Dementsprechend können die normvertretenden Absprachen i.e.S. nur der Kategorie des schlichten Staatshandelns zugeordnet werden. Diese Kategorisierung hat, wie die Einordnung der staatlichen Einflußnahme als Realakt[181], zur Folge, daß aus der Einordnung kaum rechtliche Schlüsse gezogen werden können.

3. Der Vollzug der Absprache

Normvertretende Absprachen werden, soweit ein Vollzug erforderlich ist, in sehr unterschiedlicher Art und Weise vollzogen[182]. Hier können echte Verträge zwischen Privaten ebenso geschlossen werden wie weitere unverbindliche Absprachen. Es kann aber auch nur zur Umsetzung der Absprache im Tatsächlichen kommen. Eine einheitliche Einordnung dieser sehr verschiedenen Handlungsformen ist ausgeschlossen.

II. Die Zuordnung zu einem Rechtsgebiet anhand der "klassischen Zuordnungskriterien"

Am Beginn der rechtlichen Untersuchung einer bestimmten staatlichen oder privaten Handlungsform steht normalerweise die Frage nach der Zuordnung der Handlungsform zum öffentlichen oder privaten Recht. Die Beantwortung dieser Frage stößt bei normvertretenden Absprachen auf erhebliche Schwierigkeiten.

---

180 Vgl. *Oebbecke*, DVBl. 1986, 793 (795); *Wolff/Bachof/Stober*, § 104 Rdnr. 6; *Bullinger*, Vertrag und Verwaltungsakt, S. 82 f.; *Birk*, NJW 1977, 1797 ff.; *Bohne*, VerwArch. 75 (1984), 343 (362); *Becker*, DÖV 1985, 1003 (1010).

181 Vgl. oben Kap. C I 1.

182 Vgl. hierzu oben Kap. B II 4.

1. Stellungnahmen in der Literatur

In der Literatur ist die Frage bisher höchst unterschiedlich beantwortet worden.

a) Zuordnung zum Zivilrecht

Insbesondere in der unter kartellrechtlichen Aspekten geführten Diskussion wird meist ausdrücklich oder konkludent davon ausgegangen, daß die normvertretenden Absprachen privatrechtlicher Natur und damit nach § 1 GWB genehmigungsbedürftig seien[183]. Selbst soweit das Genehmigungserfordernis nach § 1 GWB für derartige Absprachen verneint wird, geschieht dies meist nicht aufgrund einer Zuordnung zum öffentlichen Recht. Vielmehr werden die normvertretenden Absprachen aus dem Schutzbereich des § 1 GWB herausgenommen oder sogenannte kartellrechtliche Rechtfertigungsgründe konstruiert[184]. Die Einflußnahme des Staates wird von diesen Autoren entweder außer acht gelassen oder nicht für die Zuordnung zu einem Rechtsgebiet fruchtbar gemacht. So wird behauptet, daß die Beteiligung des Staates nichts an der privatrechtlichen Qualität der Absprachen ändern könne[185].

b) Zuordnung zum Zivilrecht und zum öffentlichen Recht

Eine zweite Gruppe von Autoren differenziert bei der Zuordnung dieser Absprachen zwischen dem Verhältnis des Staates zu den beteiligten Unternehmen und dem Verhältnis zwischen diesen Unternehmen. So geht *Schlarmann*[186] davon aus, daß

---

183   So ausdrücklich *Kloepfer*, UPR 1981, 41 (45); *ders.*, JZ 1980, 781 (785); vgl. auch die kartellrechtliche Kommentarliteratur, z.B. *Müller/Gießler/Schulz*, Wirtschaftskommentar, Bd. I, § 1, Rdnr. 152 ff.; *Müller-Henneberg/Schwartz/Benisch*, GWB, § 1, Rdnr. 111 ff.; *Immenga/Mestmäcker*, GWB, § 1, Rdnr. 389 ff.; *Westrick/Loewenheim*, GWB, § 1 Anm. 91; ein umfassender Literaturnachweis auf das sonstige kartellrechtliche Schrifttum findet sich bei *Baudenbacher*, JZ 1988, 689 (693).

184   Vgl. z.B. *Kaiser*, NJW 1971, 585 ff. (588); *Spengler*, Über die Tatbestandsmäßigkeit und Rechtswidrigkeit von Wettbewerbsbeschränkungen, S. 35 ff.; wohl auch *Oldiges*, WiR 1973, 1 (5).

185   So ausdrücklich *Immenga*, Politische Instrumentalisierung des Kartellrechts, S. 23.

186   Schlarmann, NJW 1971, 1394 (1395).

Selbstverpflichtungen gegenüber dem Staat, die keinen oder nur geringen Koordinierungsbedarf zwischen den beteiligten Unternehmen zur Folge hätten, ausschließlich dem öffentlichen Recht zuzuordnen seien. Hingegen lägen privatrechtliche Beziehungen vor, sobald die Unternehmen untereinander zu Absprachen gezwungen seien. Andere sehen die staatliche Beeinflussung immer als hoheitliches Handeln, aber keinen unmittelbaren Zusammenhang zu dem durch den Staat angeregten "privaten" Verhalten der Unternehmen[187]. *Bekker*[188] spricht daher von der Janusköpfigkeit normvertretender Absprachen. *Von Zezschwitz*[189] bezeichnet es als vernünftig, bei klarer Unterscheidbarkeit zwischen den horizontalen Verpflichtungen gegenüber den Mitbewerbern und der vertikal subordinationsrechtlichen Verpflichtung gegenüber dem Staat unterschiedliche Rechtswegzuweisungen vorzunehmen. Soweit der Staat, ohne sich selbst an der Absprache zu beteiligen, nur mittelbar Druck ausgeübt habe, um die Absprache zustande zu bringen, könne diese privatrechtsgestaltende hoheitliche Beeinflussung wie ein privatrechtsgestaltender Verwaltungsakt behandelt werden[190]. Aus diesen Äußerungen erscheint der Rückschluß zulässig, daß auch *von Zezschwitz* das Verhältnis des Staates zu den beteiligten privaten Absprachepartnern dem öffentlichen Recht und das Verhältnis zwischen den privaten Absprachepartnern dem Zivilrecht zuordnet[191].

c) Zuordnung zum öffentlichen Recht

Eine dritte Ansicht sieht sowohl die vertikalen Beziehungen zwischen Staat und Unternehmen als auch die horizontalen Beziehungen zwischen den Unternehmen als

---

187 So z.B. *Horstmann*, Selbstbeschränkungsabkommen und Kartellverbot, S. 136 ff., 140; *v. Zezschwitz*, JA 1978, 497 (502).

188 *Becker*, DÖV 1985, 1003 (1009).

189 *V. Zezschwitz*, JA 1978, 497 (502).

190 Ebenso *Becker*, DÖV 1985, 1003 (1009); *Oebbecke*, DVBl. 1986, 793 (799) und *Rengeling*, Kooperationsprinzip, S. 172 untersuchen aussschließlich das staatliche Verhalten im Zusammenhang mit normvertretenden Absprachen und ordnen dieses als hoheitlichen Realakt ein.

191 Ob *v. Zezschwitz*, in NJW 1983, 1873 (1877) die beschriebene Position aufrecht erhält ist nicht ganz klar, da er pauschal von öffentlich-rechtlichen Rechtsbeziehungen spricht, bei denen die die Rechtsbeziehung prägenden Faktoren vom Staat vorgegeben würden.

durch das öffentliche Recht geprägt. Beide Beziehungsebenen seien daher dem öffentlichen Recht zuzuordnen[192]. Begründet wird dies mit dem Gegenstand der Absprache: es gehe um die Ausübung exekutiven Rechtsetzungsermessens, die Absprachepartner übernähmen öffentlichrechtliche Pflichten, eine Trennung zwischen einem öffentlich-rechtlichen und einem privat-rechtlichen Teil der Absprachen sei nicht denkbar[193]; es handele sich um die Anwendung öffentlicher Gewalt[194]. Als zivilrechtlich könne man Absprachen zwischen den beteiligten Unternehmen nur dann sehen, wenn sie über den durch die staatliche Initiative gesteckten Abspracherahmen hinausgingen, die privaten Unternehmen also weitergehende Zwecke mit der Absprache verfolgten[195].

2. Eigene Stellungnahme

a) Ursache für den Meinungsstreit

Betrachtet man die Ansichten, die von einer zumindest teilweisen Zuordnung der normvertretenden Absprachen zum Privatrecht ausgehen, so verblüfft das Ergebnis, daß je nach Abspracheform die Zuordnung unterschiedlich erfolgen müßte. Käme es zu Vereinbarungen auf horizontaler Ebene zwischen den beteiligten privaten Absprachepartnern, wäre die Beurteilung dieser Vereinbarungen anhand des Zivilrechts vorzunehmen. Würden diese Unternehmen hingegen lediglich gleichlautende Selbstverpflichtungen gegenüber dem Staat abgeben, müßte öffentliches Recht zur Beurteilung sowohl des staatlichen Verhaltens als auch des Verhaltens der privaten Absprachepartner angewandt werden. Wie oben gezeigt[196], beruht das Zustande-

---

192 Vgl. *Hartkopf/Bohne*, Umweltpolitik 1, S. 231; *Bohne*, VerwArch. 75 (1984), 343 (362); *Beyer*, Der öffentlich-rechtliche Vertrag, S. 278; *Baudenbacher*, JZ 1988, 689 (694); *Baumann*, Rechtsprobleme freiwilliger Selbstbeschränkung, S. 49 f., der dieses Ergebnis allerdings nur damit begründet, daß öffentliches Recht allein aufgrund der Absprachepartnerschaft des Staates anzunehmen sei.

193 Vgl. *Bohne*, VerwArch. 75 (1984), 343 (362).

194 Vgl. *Baudenbacher*, JZ 1988, 689 (694); ähnlich auch *Scherer*, DÖV 1991, 1 (3), der auf den Bezug der Absprachen zu Normen des öffentlichen Rechts abstellt.

195 So ausdrücklich *Baudenbacher*, a.a.O.

196 Hierzu oben Kap. B II 4.

kommen einer normvertretenden Absprache regelmäßig auf vergleichbaren Vorgängen. Es kommt zunächst, initiiert und unterstützt durch staatliche Einflußnahmen, zu vorbereitenden Gesprächen zwischen Staat und Industrie. Diese führen zu den normvertretenden Absprachen i.e.S., die anschließend in unterschiedlicher Weise dokumentiert werden. Die Wahl der Dokumentationsform erfolgt willkürlich. Die Absprache wird sodann mittels sehr unterschiedlicher Handlungsformen vollzogen. Eine unterschiedliche Rechtswegzuweisung aufgrund zufällig gewählter Handlungs- oder Dokumentationsformen trotz ähnlich gelagerter Sachverhalte ist nur schwer verständlich und bedarf der näheren Prüfung.

Die sehr unterschiedlichen Stellungnahmen in der Literatur machen die Schwierigkeiten deutlich, die bei neuartigen staatlichen Handlungsformen, die durch die Kooperation zwischen Staat und Gesellschaft geprägt sind, entstehen müssen, wenn man ausschließlich mit den traditionellen Abgrenzungstheorien arbeitet[197]. Das Problem liegt in der Schwierigkeit, die Rechtsgrundlagen derartiger Absprachen festzustellen. *Bachof* formuliert: "Die Unterscheidung zwischen öffentlichem Recht und privatem Recht liegt in einer Verschiedenheit der die Rechtsordnung bildenden Rechtssätze. Sind diese Rechtssätze bekannt, führt insbesondere die modifizierte Subjektstheorie normalerweise zu brauchbaren Ergebnissen"[198]. Normvertretende Absprachen sind aber gerade dadurch gekennzeichnet, daß die Beteiligten die Anwendung von Rechtssätzen vermeiden wollen und sich daher einer nicht ausdrücklich geregelten Handlungsform bedienen[199]. Dementsprechend schwierig erscheint es festzustellen, welche Rechtssätze auf derartige Absprachen Anwendung finden. Es wäre sogar denkbar, diese Absprachen als nur gesellschaftlich relevantes Verhalten, damit sozusagen als Handeln im rechtsfreien Raum, anzusehen, mit der Folge, daß eine Zuordnung zu einem Rechtsgebiet offensichtlich unsinnig wäre.

---

197 So auch *v. Zezschwitz*, JA 1978, 497 (501).

198 So *Wolff/Bachof*, Verwaltungsrecht I, § 22 II c.; vgl. zu den Abgrenzungstheorien zwischen öffentlichem und privatem Recht z.B. *Bachof*, in: Festgabe aus Anlaß des 25jährigen Bestehens des Bundesverwaltungsgerichts, S. 1 ff.; *Wolff/Bachof*, Verwaltungsrecht I, § 22; *v. Münch*, in: Erichsen/Martens, Allgemeines Verwaltungsrecht, § 2 II 1; *Maurer*, Allgemeines Verwaltungsrecht, S. 27 ff.

199 So auch *Kloepfer*, Umweltrecht, § 4 Rn. 145.

Es ist also zunächst zu klären, ob eine Zuordnung zu einem Rechtsgebiet überhaupt als sinnvoll angesehen werden kann. Wird diese Frage bejaht, sind in einem zweiten Schritt die einschlägigen Abgrenzungskriterien zu untersuchen.

b) Notwendigkeit der Zuordnung

In der Literatur sind Stimmen laut geworden, die die Unterscheidung zwischen öffentlichem Recht und Privatrecht als "nahezu völlig zertrümmert" sehen[200] und ihre Existenzberechtigung leugnen[201]. Jedoch beantwortet sich für den Rechtsschutzsuchenden die Frage, welchen Rechtsweg er zu beschreiten hat, ebenso anhand der Abgrenzung zwischen öffentlichem und privatem Recht wie die Frage des Geschädigten, nach welchen Normen er potentielle Ersatzansprüche geltend machen kann[202]. Damit erweist sich ein grundsätzliches Bedürfnis für die Zuordnung eines Sachverhaltes zum öffentlichen oder privaten Recht.

Auch bei der Untersuchung der normvertretenden Absprachen drängen sich konkrete Fragen auf, die eine Zuordnung notwendig machen. Nur einige seien hier genannt: Kann das VwVfG oder können zumindest dessen Rechtsgedanken auf normvertretende Absprachen Anwendung finden? Gilt der Grundsatz der Privatautonomie? Findet das Gesetz gegen Wettbewerbsbeschränkungen auf derartige Absprachen Anwendung? Welche Rechtsschutzformen sind gegen derartige neuartige Handlungsformen denkbar?

Ausgangspunkt aller Überlegungen ist die Feststellung, daß staatlich beeinflußte normvertretende Absprachen, obwohl sie zur Vermeidung von rechtlicher Ver-

---

200   Vgl. *Wiethölter*, Rechtswissenschaft, S. 23.

201   Vgl. *Wiethölter*, ebd., S. 167.

202   Weitere Beispiele für die Notwendigkeit der Abgrenzung bei *v. Münch*, in: Erichsen/Martens, Allgemeines Verwaltungsrecht, § 2 II 1; umfassend zur Abgrenzung *Bachof*, in: Festgabe aus Anlaß des 25jährigen Bestehens des Bundesverwaltungsgerichts, S. 1 ff.; vgl. auch *Bullinger*, Öffentliches Recht und Privatrecht; *Christ*, Die Verwaltung zwischen öffentlichem und privatem Recht; *Schmidt*, Die Unterscheidung von privatem und öffentlichem Recht, jeweils m.w.N.

bindlichkeit geschlossen werden, nicht rechtsfrei sein können[203]. Der Wille, keine rechtsverbindliche Absprache zu treffen, genügt allein noch nicht, um eine Handlungsform ausschließlich dem gesellschaftlichen Bereich zuzuordnen. Dies ist in der zivilrechtlichen Literatur, in der ähnlich gelagerte Problemfelder bereits seit vielen Jahren unter dem Stichwort "Gentlemen`s Agreement" diskutiert werden[204], weitestgehend unbestritten[205].

In noch stärkerem Maße hat dies dann zu gelten, wenn, wie im vorliegenden Falle, der Staat sich an derartigen Absprachen beteiligt. Insbesondere die staatlichen Mitwirkungsakte müssen rechtlichen Grenzen unterliegen, da sich der Staat wegen seiner umfassenden, durch Art. 1 Abs. 3 und Art. 20 Abs. 3 GG vorgegebenen Bindung an Recht und Gesetz dem Recht niemals vollständig entziehen kann[206].

Da somit auch staatlich beeinflußte normvertretende Absprachen an Rechtsnormen zu messen sind, ist die Frage zu stellen, welchem Rechtsgebiet sie zuzuordnen sind.

c) Zuordnung der staatlichen Einflußnahme

Kennzeichnend für das Zustandekommen normvertretender Absprachen ist zunächst die staatliche Einflußnahme. Diese Einflußnahme kann als Realakt bezeichnet werden, da sie nicht auf die unmittelbare Herbeiführung einer Rechtsfolge, sondern auf die Herbeiführung einer tatsächlichen Folge gerichtet ist[207]. Die Einordnung als Realakt gibt jedoch keinen Aufschluß über die Zuordnung des staatlichen Handelns zu einem Rechtsgebiet, da Realakte nicht aufgrund ausdrücklicher ermächtigender

---

203   So ausdrücklich *Bauer*, VerwArch 78 (1987), 241 (260).

204   Vgl. hierzu umfassend *Bahntje*, Gentlemen`s Agreement und abgestimmtes Verhalten, S. 97 ff.

205   Vgl. hierzu *Bahntje*, a.a.O.; aber auch die zivilrechtliche Kommentarliteratur, z.B.: Münchener Kommentar - Kramer, vor § 241 Rn. 39.

206   Vgl. hierzu *Erichsen*, Staatsrecht und Verfassungsgerichtsbarkeit, S. 112 ff.; *ders.*, in: Erichsen/Martens, Allgemeines Verwaltungsrecht, § 35, S. 371; *Bohne* VerwArch 75 (1984), 343 f.; *Becker*, DÖV 1985, 1003 (1010); hierzu näher unten Kap. D I 2.

207   Vgl. oben Kap. C I 1.

Rechtsnormen erfolgen müssen; es geht um die Qualifikation von Verhalten, nicht von Rechtssätzen[208].

Für derartige, nicht eindeutig zuzuordnende Fälle werden in Rechtsprechung und Literatur unterschiedliche Lösungsmöglichkeiten diskutiert. So ist *Bachof* der Ansicht, daß es bei unklarer Zuordnung eines Sachverhaltes zu einem Rechtssatz darauf ankomme, ob der Hoheitsträger den Sachverhalt in Wahrnehmung eines überwiegenden öffentlichen Interesses verwirkliche. Sei dies der Fall, kämen öffentlich-rechtliche Rechtssätze zur Anwendung, im übrigen die privatrechtlichen[209]. Nach dieser Ansicht kann die staatliche Einflußnahme, die zu normvertretenden Absprachen führen soll, unproblematisch dem öffentlichen Recht zugeordnet werden, denn die staatlichen Drohungen erfolgen gerade, um eine im öffentlichen Interesse wünschenswerte oder sogar erforderliche Verhaltensänderung auf seiten der privaten Absprachepartner zu erreichen.

Der Staat ist jedoch, unabhängig davon, ob er sich zur Erfüllung von im öffentlichen Interesse liegenden Aufgaben der Mittel des Privatrechts oder des öffentlichen Rechts bedient, verpflichtet, sein Handeln generell am öffentlichen Interesse auszurichten. Eine öffentliche Aufgabe kann durchaus mit privatrechtlichen Mitteln erfüllt werden[210]. Daher erscheint das überwiegende öffentliche Interesse allein nicht als ausreichendes Differenzierungskriterium[211].

Ein zusätzliches Indiz kann der Gesamtzusammenhang sein, in dem das einzuordnende staatliche Verhalten steht[212]. Soweit auch dieses Abgrenzungskriterium nicht zu einem eindeutigen Ergebnis führt, kann noch die sogenannte "Zweifelsfallregel"

---

208   Vgl. *Erichsen*, in: Erichsen/Martens, Allgemeines Verwaltungsrecht, § 35, S. 365.

209   Vgl. *Bachof*, Festgabe aus Anlaß des 25jährigen Bestehens des Bundesverwaltungsgerichts, S. 17.

210   Vgl. nur BVerwGE 35, 103; 47, 247 (250).

211   So. z.B. auch *Erichsen*, in: Erichsen/Martens, Allgemeines Verwaltungsrecht, § 34 I, S. 366.

212   So z.B. *Maurer*, Allgemeines Verwaltungsrecht, S. 33; *Battis*, Allgemeines Verwaltungsrecht, C III, Rn. 287 spricht vom Aufgabenzusammenhang.

weiterhelfen, nach der der Staat ihm zugewiesene Aufgaben in der Regel mit Mitteln des öffentlichen Rechts erfüllen will[213].

Betrachtet man den Gesamtzusammenhang, in dem die staatlichen Einflußnahmen stehen, so ist festzustellen, daß staatlich beeinflußte normvertretende Absprachen bisher ausschließlich auf den Gebieten des Umwelt- und Gesundheitsschutzes sowie der Wirtschaftsförderung vereinbart wurden, die zu den Kerngebieten staatlicher Aufgaben gehören. Hätte der Staat die bisher durch normvertretende Absprachen geregelten Bereiche durch Gesetz geregelt, hätte es sich in allen Fällen um öffentlich-rechtliche Rechtsnormen gehandelt[214]. Daher kann aus dem Gesamtzusammenhang, in dem die staatlichen Einflußnahmen stehen, und ihrem im öffentlichen Interesse liegenden Ziel auf ihren öffentlichrechtlichen Charakter geschlossen werden. Dieses Ergebnis kann mit Hilfe der Subordinationstheorie[215] bestätigt werden. Die Wirksamkeit der staatlichen Einflußnahme beruht auf der dem Staat gegenüber dem privaten Absprachepartner zustehenden Gesetzgebungsmacht, also auf einem Subordinationsverhältnis und damit nach der Subordinationstheorie auf öffentlichem Recht[216].

Die Anwendung der "klassischen Zuordnungstheorien" führt zu dem Ergebnis, daß es sich bei den staatlichen Einflußnahmen um öffentlich-rechtliche Realakte handelt.

d) Zuordnung der normvertretenden Absprachen i.e.S. und der zum Vollzug der Absprachen erforderlichen Maßnahmen

Erheblich problematischer erscheint die Einordnung der normvertretenden Absprachen i.e.S. und der zum Vollzug dieser Absprachen erforderlichen Maßnah-

---

213 Vgl. hierzu *Wolff/Bachof*, Verwaltungsrecht I, § 22 III b 2; *Erichsen*, in: Erichsen/ Martens, Allgemeines Verwaltungsrecht, § 34 I, S. 366.

214 Mit dieser Begründung bejaht im Ergebnis *Baudenbacher*, JZ 1988, 689 (694), den öffentlich-rechtlichen Charakter der staatlichen Einflußnahmen.

215 Hierzu z.B. *v. Münch*, in: Erichsen/Martens, Allgemeines Verwaltungsrecht, § 2 II 1 m.w.N.

216 So auch *Oebbecke*, DVBl. 1986, 793 (795); ähnlich auch *v. Zezschwitz*, JA 1978, 497 (501).

men[217]. Würde das öffentliche Interesse allein für die Zuordnung zum öffentlichen Recht ausreichen[218], wäre auch hier das Ergebnis eindeutig. Die normvertretenden Absprachen i.e.S., wie auch jede Form ihres Vollzugs, dienen den gleichen öffentlichen Interessen wie die staatlichen Einflußnahmen. Jedoch reicht, wie oben gezeigt, dieses Kriterium allein für eine Zuordnung nicht aus.

Ein weiteres Indiz könnte möglicherweise durch entsprechende Anwendung der zum öffentlich-rechtlichen Vertrag entwickelten Abgrenzungskriterien gewonnen werden. Die Anwendung dieser Abgrenzungskriterien ist möglich, da Absprachen vertragsähnliche Elemente enthalten[219].

Nach diesen Abgrenzungskriterien ist zunächst auf den Gegenstand des Vertrages und, erst soweit dieser indifferent ist, auf den Zweck der Leistungsverpflichtung und auf den Gesamtcharakter des Vertrages abzustellen[220]. Gegenstand der Absprachen ist regelmäßig das Verhalten privater Unternehmen im Marktgeschehen, also nicht eine hoheitliche, sondern vielmehr private Tätigkeit. Die Unternehmen dienen jedoch mit ihrem privatwirtschaftlichen Verhalten dem öffentlichen Interesse. Der Staat verpflichtet sich meist, auf bestimmte gesetzgeberische Maßnahmen zu verzichten. Ein solcher Verzicht auf gesetzgeberisches Tätigwerden ist ebenso wie die Gesetzgebung selbst unzweifelhaft hoheitlicher Natur. Gegenstand der normvertretenden Absprachen i.e.S. sind also sowohl öffentlich-rechtliche wie auch privatrechtliche Verpflichtungen, so daß der Gegenstand der Absprachen keinen Hinweis auf eine Zuordnung zu einem Rechtsgebiet gibt. Daher ist nach den oben genannten Abgrenzungskriterien auf den Gesamtcharakter der normvertretenden Absprachen i.e.S. abzustellen. Dieser ist jedoch sowohl von den privatrechtlichen wie auch von den hoheitlichen Regelungsgegenständen geprägt. Das Wesen der Absprachen liegt gerade darin, daß privater Sachverstand zur Erfüllung öffentlicher Interessen nutzbar gemacht wird. Es verbleibt daher auch nach den zum öffentlich-

---

217 Zu dieser Aufteilung vgl. oben Kap. B II 4.

218 So *Bachof*, Festgabe aus Anlaß des 25jährigen Bestehens des Bundesverwaltungsgerichts, S. 17; hierzu oben Kap. C II 2 c.

219 vgl. hierzu Kap. C I 2 a; ebenso *Scherer*, DÖV 1991, 1 (3).

220 Vgl. BVerwGE 23, 213; BVerwGE 42, 331 (332 f.); aus der Literatur z.B. *Maurer*, Allgemeines Verwaltungsrecht, S. 288.

rechtlichen Vertrag entwickelten Abgrenzungskriterien nur das öffentliche Interesse an den Absprachen als Zuordnungskriterium, das jedoch, wie oben gesehen, allein kein ausreichendes Zuordnungskriterium ist.

Auch die "Zweifelsfallregel" führt nicht zum Erfolg. Der Staat vermeidet in den hier zu beurteilenden Fällen bewußt die klassischen Handlungsformen, die eindeutig einem Rechtsgebiet zuzuordnen wären. In einem solchen Fall kann nicht ohne weiteres unterstellt werden, er wolle im Zweifel auch beim Abschluß normvertretender Absprachen i.e.S. öffentlichrechtlich handeln.

Der Vollzug normvertretender Absprachen erfolgt in so vielfältigen Formen, daß eine pauschale Zuordnung anhand der vorgestellten Abgrenzungskriterien nicht möglich ist. Eine Zuordnung zum öffentlichen Recht erschiene insbesondere in den Fällen problematisch, in denen die zum Vollzug erforderlichen Absprachen nur noch horizontal zwischen den beteiligten privaten Absprachepartnern getroffen werden.

Weder die normvertretenden Absprachen i.e.S. noch ihr Vollzug lassen sich somit mit Hilfe der klassischen Zuordnungstheorien eindeutig einem Rechtsgebiet zuordnen.

III. Neuansatz: Die Beschreibung normvertretender Absprachen als Rechtsverhältnisse

Es stellt sich die Frage, ob sich normvertretende Absprachen durch Verwendung anderer Zuordnungskriterien eindeutiger einem Rechtsgebiet zuordnen lassen.

1. Die Andersartigkeit normvertretender Absprachen

Bei der Suche nach einem Neuansatz zur Einordnung normvertretender Absprachen fällt zunächst auf, daß kennzeichnend für die Betrachtungsweise derjenigen Autoren, die die staatliche Einflußnahme dem öffentlichen Recht, die normvertretende Absprache i.e.S. und den Vollzug der Absprache jedoch dem Zivilrecht zuordnen, die Leugnung eines unmittelbaren Zusammenhangs zwischen der staatlichen

Einflußnahme, der normvertretenden Absprache i.e.S. und dem Vollzug der Absprache ist[221]. Sie betrachten lediglich den einzelnen Handlungsabschnitt, ohne den Zusammenhang zwischen den einzelnen Handlungsebenen zu berücksichtigen. Ob eine solch isolierte Betrachtung der einzelnen Handlungsabschnitte dem Charakter der normvertretenden Absprachen gerecht wird, gilt es zu untersuchen.

Wie bereits oben gesehen[222], besteht ein enger Zusammenhang zwischen allen drei Handlungsebenen staatlich inspirierter normvertretender Absprachen. Ohne die staatliche Drohung oder den staatlichen Anreiz wäre der Staat kaum dazu in der Lage, marktwirtschaftlich handelnde Unternehmen zu Absprachen zu bewegen, die ihnen im Interesse der Allgemeinheit Einschränkungen ihrer wirtschaftlichen Betätigungsfreiheit aufbürden[223]. Die normvertretende Absprache i.e.S. bliebe ohne den Vollzug folgenlos, da sie -im Gegensatz zu einem Gesetz- nicht zwangsweise durchsetzbar ist. Verweigert auch nur ein Absprachepartner den Vollzug der von ihm übernommenen Verpflichtungen, bricht das gesamte "Absprachegebäude" in sich zusammen[224]. Verschafft sich ein privater Partner beispielsweise Wettbewerbsvorteile, indem er die Absprache gar nicht oder nur mit Verzögerung umsetzt, werden sich auch die anderen Absprachepartner von der Absprache lösen. In der Folge ist der Staat gezwungen, die angedrohten gesetzgeberischen Maßnahmen zu ergreifen. Die gesamte normvertretende Absprache wird bedeutungslos. Es handelt sich insgesamt um einen von wechselseitigen Abhängigkeiten geprägten, dynamisch verlaufenden Prozeß, der durchaus auch Anpassungen und Veränderungen nach Abschluß einer ersten Absprache erforderlich machen kann.

---

221   Vgl. die oben in Kap. B II 1 b benannten Autoren; auch in einer Betrachtungsweise, wie sie bei *Oebbecke*, DVBl. 1986, 795 ff., der sich ausschließlich mit den staatlichen Drohungen beschäftigt und die Absprachen völlig ausblendet, zum Ausdruck kommt, wird ein ähnliches Verständnis deutlich.

222   Vgl. Kap. B II 4.

223   Vgl. hierzu oben Kap. B III 3 und B IV 4.

224   Dies zeigte sich z.B. deutlich bei dem Versuch, die Reduzierung der Einwegverpackungen durch weitere Absprachen zu regeln; aufgrund der Weigerung einzelner großer Unternehmen, Absprachen umzusetzen, war der Gesetzgeber zur Einführung gesetzlicher Regelungen gezwungen; vgl. hierzu F.A.Z. vom 02. 10. 1985, S. 2.

Derartige wechselseitige Abhängigkeiten und dynamische Prozesse sind mit einer an der Einordnung von einzelnen Entscheidungen oder Handlungen orientierten Handlungsformenlehre nur schwer zu beschreiben. Die Handlungsformenlehre wird weder der zeitlichen noch der mehrdimensionalen Komponente derartiger "Verhältnisse" zwischen Staat und Bürger gerecht, da sie mit Hilfe einer stark punktuellen Betrachtungsweise nur einseitig das staatliche Handeln bei weitestgehender Ausblendung gesellschaftlicher Mitwirkungsakte betrachtet[225]. Normvertretende Absprachen sind auf Dauer angelegt, sie beruhen auf mitwirkendem Gestalten seitens des betroffenen Bürgers und sie führen typischerweise zu mehrdimensionalen Verhältnissen.

2. Die Anwendung der Lehre vom Rechtsverhältnis auf das Verhältnis zwischen dem Staat und den privaten Absprachepartnern

a) Ausgangspunkt

Da es sich bei informalem Staatshandeln häufig um derartige dynamische Prozesse mit mehrdimensionalem Bezug handelt, versucht eine in der Literatur im Vordringen befindliche Meinung gerade informales Staatshandeln mit Hilfe der Kategorie des Rechtsverhältnisses, die in den letzten Jahren intensiv erforscht worden ist[226], zu beschreiben[227]. Es deutet sich an, daß die Rechtsverhältnislehre für das informale Staatshandeln zum "archimedischen Punkt" werden könnte[228].

---

225 Vgl. hierzu z.B. *Schulte*, DVBl. 1988, 512 (513); *Ehlers*, DVBl. 1986, 912 (914 f.).

226 Vgl. nur die Diskussion auf der 45. Staatsrechtslehrertagung mit den Berichten von *Fleiner-Gerster*, VVDStRL 45 (1986), S. 152 ff.; *Öhlinger*, a.a.O., S. 182 ff.; und *Krause*, a.a.O., S. 212 ff.; zur theoretischen Grundlegung: *Achterberg*, Die Rechtsordnung als Rechtsverhältnisordnung.

227 Vgl. *Bauer*, VerwArch 78 (1987), 241 (259); *Beyerlin*, NJW 1987, 2713 (2718); *Schulte*, DVBl. 1988, 512 (513 ff.).

228 Vgl. zu diesem Begriff *Häberle*, Das Verwaltungsrechtsverhältnis, in: Das Sozialrechtsverhältnis, S. 60 ff. (69), der allerdings im Rechtsverhältnis den archimedischen Punkt für das gesamte Verwaltungsrecht sehen wollte, was in der Literatur weitestgehend auf Ablehnung gestoßen ist; zur Kritik vgl. nur *Ehlers*, DVBl. 1986, 912 ff.; *Löwer*, NVwZ 1986, 793 (794); *Maurer*, Allgemeines Verwaltungsrecht, § 8, Rn. 24 ff.

Staat und Bürger stehen heute in einer großen Zahl von meist länger andauernden Beziehungen zueinander. Beispielhaft seien hier nur das gesetzliche Rentenversicherungssystem, in das der Bürger vom Berufseintritt bis zum Tod eingebunden ist, aber auch notwendige Daseinsvorsorgeeinrichtungen, wie die staatliche Energie- und Wasserversorgung, die der Bürger zwangsweise fortlaufend benutzen muß, erwähnt[229]. Die Rechtsverhältnislehre erkennt, daß unsere Lebenswirklichkeit durch wechselseitige Beziehungen zwischen den Bürgern, aber auch zwischen dem Staat und den Bürgern, geprägt ist. Damit ist diese Lehre in der Lage, die Handlungsformenlehre um die Aspekte der Mehrpoligkeit, der zeitlichen Dauer und der gesellschaftlichen Mitwirkung zu ergänzen[230].

Bisher ist die Lehre vom Rechtsverhältnis vorwiegend im Bereich des Verwaltungsrechts und hier insbesondere auf dem Gebiet der Leistungsverwaltung fruchtbar gemacht worden[231]. Ob auch das informale Staatshandeln in Form von normvertretenden Absprachen durch die Rechtsverhältnislehre zusätzliche Erhellung erfahren kann, ist bisher, soweit ersichtlich, kaum erörtert. Aber auch die Frage, wann das Verhältnis zwischen Staat und Bürger als Rechtsverhältnis beschrieben werden kann, kann noch nicht als abschließend geklärt angesehen werden.

b) Die Ansicht *Bauers*

Nach *Bauer* findet informales Verwaltungshandeln in Form von Rechtsverhältnissen statt, da sich die informale Verwaltungstätigkeit nicht im rechtsfreien Raum bewege, sondern gewissen rechtlichen Bindungen unterworfen sei[232]. Rechtsverhältnisse könnten bereits bei einer rechtlich relevanten Verdichtung des "Beziehungs-

---

229 Vgl. *Krause*, VVDStRL 45 (1986), 212 (213 f.).

230 So auch *Schulte*, DVBl. 1988, 512 (514).

231 Vgl. die Thematik der Staatsrechtslehrertagung von 1986 sowie die verwaltungsrechtliche Lehrbuchliteratur; z.B. *Maurer*, Allgemeines Verwaltungsrecht, § 8, Rn. 24 ff.; *Erichsen*, in: Erichsen/ Martens, Allgemeines Verwaltungsrecht, § 10 II; ebenso *Ehlers*, DVBl. 1986, 912 ff.; *Hill*, NJW 1986, 2602 ff.; *Löwer*, NVwZ 1986, 793 ff.; *Schnapp*, DÖV 1986, 811 ff.

232 Vgl. *Bauer*, VerwArch 78 (1987), 241 (260).

verhältnisses" zwischen Verwaltung und Bürger entstehen[233]. Dies geschehe auch im informalen Bereich, so daß es nur konsequent sei, auch diesen als durch Rechtsverhältnisse beschreibbar anzusehen[234].

Überträgt man diese sehr allgemeinen Aussagen auf die normvertretenden Absprachen, wären sie bereits deshalb Rechtsverhältnisse, weil auch derartige staatliche Handlungsformen an der Rechtsordnung zu messen sind[235].

Jedoch drängt sich die Frage auf, wie intensiv ein Verhältnis zwischen Staat und Bürger durch Rechtsnormen geprägt sein muß, um es als Rechtsverhältnis beschreiben zu können. Die Formulierung *Bauer's*, es müsse sich um eine rechtlich relevante Verdichtung des Beziehungsverhältnisses zwischen Staat und Bürger handeln, gibt für den Einzelfall keine näheren Anhaltspunkte.

c) Der Begriff des Rechtsverhältnisses

aa) Das "Allgemeine Rechtsverhältnis"

In der Literatur ist weitgehend unstreitig, daß es einen Unterschied zwischen reinen Sozialverhältnissen und Rechtsverhältnissen geben muß. Rechtsverhältnisse werden als mit den Mitteln des Rechts gestaltete Sozialverhältnisse beschrieben[236]. *Jellinek*[237] formuliert: "Das Leben des Menschen vollzieht sich in ununterbrochenen Beziehungen zu äußeren Dingen und zu anderen Menschen, diese Beziehungen sind Lebensverhältnisse, werden sie von der Rechtsordnung anerkannt und geregelt, werden sie zu Rechtsverhältnissen". Andere Autoren gehen davon aus, daß zu äußeren Dingen kein Rechtsverhältnis bestehen könne und definieren folgerichtig das Rechtsverhältnis als die rechtsnormgestaltete Beziehung zwischen zwei oder mehreren Subjekten[238]. Für den vorliegenden Zusammenhang kann die Frage, ob

---

233   So ausdrücklich *Bauer*, a.a.O., 263.

234   Vgl. *Bauer*, a.a.O., 264.

235   Vgl. hierzu bereits oben Kap. C II 2 b.

236   So z.B. *Achterberg*, Rechtsordnung als Rechtsverhältnisordnung, S. 32.

237   Das System der subjektiven öffentlichen Rechte, S. 41 ff.

238   Vgl. *Achterberg*, a.a.O., S. 31; *Löwer*, NVwZ 1986, 793 (794); *Erichsen*, in: Erichsen/

Rechtsverhältnisse nur zwischen Personen oder auch zwischen Personen und Sachen bestehen können, dahinstehen. Es ist jedoch festzustellen, daß beide Definitionen nicht erklären können, wann ein Sozialverhältnis so stark rechtlich geprägt ist, daß es zum Rechtsverhältnis erstarkt. Staatliche Ge- und Verbote bestimmen heute jegliche Form menschlichen Zusammenlebens. So unterliegt z.B. jeder soziale Kontakt mit einem anderen Individuum dem Verbot, ihn oder sie zu töten, zu bestehlen oder zu betrügen. Insoweit ist jede menschliche Beziehung rechtlich strukturiert, würde man allerdings dies als rechtsverhältniskonstituierend anerkennen, wäre eine Abgrenzung zum Sozialverhältnis unmöglich. Sowohl das Verhältnis zwischen den Bürgern wie auch das Verhältnis Staat und Bürger wäre immer Rechtsverhältnis.

Das sogenannte allgemeine Gewaltverhältnis, in dem sich jeder Bürger gegenüber dem Staat befindet[239] und dessen Inhalt von der Gesamtheit aller staatsbürgerlichen Rechte und Pflichten bestimmt wird, könnte so als das Rechtsverhältnis, kraft dessen der Bürger der staatlich gesetzten Rechtsordnung gegenüber zum Gehorsam verpflichtet ist, verstanden werden. *Bauer*[240] geht sogar so weit, den Begriff "allgemeines Gewaltverhältnis" durch den Begriff "allgemeines Rechtsverhältnis" ersetzen zu wollen. Ob es aus rechtstheoretischem Blickwinkel sinnvoll erscheint, bereits diese sehr allgemeinen Staat-Bürger- und Bürger-Bürger-Beziehungen als Rechtsverhältnisse zu definieren, kann hier dahinstehen, da aus einem solchen "allgemeinen Rechtsverhältnis" ebensowenig rechtliche Konsequenzen für die Bewertung normvertretender Absprachen gezogen werden könnten wie aus dem

---

Martens, Allgemeines Verwaltungsrecht, § 10 Abs. 2, S. 138; aus dem älteren Schrifttum vgl. z.B. *Otto Mayer*, Deutsches Verwaltungsrecht I, S. 103; *Fleiner*, Institutionen des deutschen Verwaltungsrechts, S. 48 ff.; *Forsthoff*, Lehrbuch des Verwaltungsrechts, S.177 ff.

239 Vgl. zum Begriff z.B. *Krüger*, Allgemeine Staatslehre, S. 940 ff.; *Paetzold*, Die Abgrenzung von allgemeinem und besonderem Gewaltverhältnis, S. 8 ff.; vgl. auch die weiteren Nachweise bei *Erichsen*, in: Erichsen/Martens, Allgemeines Verwaltungsrecht S. 139, Fn. 14; zur Kritik umfassend *Loschelder*, Vom besonderen Gewaltverhältnis zur öffentlich-rechtlichen Sonderverbindung, S. 47 ff.; *Schnapp*, DÖV 1986, 811 (812); *ders.*, Hans Kelsen und die Einheit der Rechtsordnung, in: Rechtstheorie, Beiheft 5, 381 (386 ff.); *Ehlers*, DVBl. 1986, 912 (913).

240 *Bauer*, DVBl. 1986, 208 (216).

"allgemeinen Gewaltverhältnis"[241]. Solange es nicht gelingt, hier weitere Konkretisierungen vorzunehmen, ist der Feststellung *Löwers*, der Begriff Rechtsverhältnis könne nicht der archimedische Punkt des Rechts sein, da er ungeeignet sei, den "weiteren Prozeß konkretisierender Rechtsbildung zu steuern"[242], zuzustimmen. Um das Rechtsverhältnis als rechtliche Kategorie begreifen zu können, ist eine zusätzliche Eingrenzung notwendig[243].

bb) Das "engere Rechtsverhältnisverständnis"

Von vielen Autoren wird ein Rechtsverhältnis erst dann bejaht, wenn eine Individualisierung und Konkretisierung eines Verhältnisses eingetreten ist[244]. Hinreichende Individualisierung soll vorliegen, wenn die beteiligten Subjekte soweit bestimmbar sind, daß ihnen besondere Rechte und Pflichten gegenüber einem anderen Rechtssubjekt zugewiesen werden können; die Konkretisierung soll die Anwendung einer Rechtsnorm auf einen konkreten Sachverhalt durch Erfüllung der Tatbestandsvoraussetzungen der Rechtsnorm erfordern[245]. So sind Teilnehmer im Straßenverkehr an die Straßenverkehrsordnung gebunden, dennoch werden erst durch einen Unfall die Beteiligten individualisiert und die anzuwendende Rechtsnorm konkretisiert, also ein Rechtsverhältnis begründet.

cc) Anwendung des engeren Rechtsverhältnisverständnisses auf normvertretende Absprachen

Normvertretende Absprachen könnten nach diesem Rechtsverhältnisverständnis nur dann als Rechtsverhältnisse beschrieben werden, wenn es sich bei ihnen um eine rechtsnormgestaltete Beziehung von hinreichender Individualisierung und Konkretisierung handeln würde. Während die hinreichende Individualisierung, also die

---

241 *Ehlers*, DVBl. 1986, 912 (913) bewertet ein allgemeines Rechtsverhältnis als konturenlos.

242 Vgl. Löwer, NVwZ 1986, 793 (794).

243 So für das Verwaltungsrechtsverhältnis auch *Maurer*, Allgemeines Verwaltungsrecht, § 8, Rn. 24.

244 Vgl. nur *Hill*, NJW 1986, 2602 (2605); *Maurer*, a.a.O.; *Erichsen*, in:Erichsen/Martens, Allgemeines Verwaltungsrecht, § 10 II.

245 Vgl. *Ehlers*, DVBl. 1986, 912 (913); *Hill*, NJW 1986, 2602 (2606).

Bestimmbarkeit der beteiligten Subjekte, ohne weiteres darzutun ist, erscheint die Konkretisierung problematisch. Normvertretende Absprachen sollen Rechtsnormen ersetzen, nicht aber - zumindest nach dem Willen der Absprachepartner - durch Rechtsnormen gestaltet werden. Hinreichende Konkretisierung kann nach dem engeren Rechtsverhältnisverständnis im vorliegenden Zusammenhang nicht schon deshalb bejaht werden, weil informales Staats und Verwaltungshandeln immer von Normen determiniert wird[246], da, wie oben gesehen[247], ansonsten der Begriff des Rechtsverhältnisses so konturenlos würde, daß es nicht möglich wäre, Rechtsfolgen an das Feststellen eines Rechtsverhältnisses zu knüpfen. Die Anwendung einer Rechtsnorm auf einen konkreten Sachverhalt durch Erfüllung der Tat-bestandsvoraussetzungen der Rechtsnorm ist weder kennzeichnend für verwaltungs-rechtliche informale Absprachen noch für die hier zu behandelnden normvertre-tenden Absprachen. Die Tatbestände bestehender Rechtsnormen werden nicht ver-wirklicht[248].

Nach dem beschriebenen engeren Rechtsverhältnisverständnis könnte es sich somit bei normvertretenden Absprachen niemals um Rechtsverhältnisse handeln.

dd) Eigene Stellungnahme

Um das Rechtsverhältnis als rechtliche Kategorie begreifen zu können, muß es von dem "allgemeinen Gewalt- oder Rechtsverhältnis" abgegrenzt werden. Für das Verhältnis zwischen Privatrechtssubjekten erscheinen hinreichende Individualisie-rung und Konkretisierung als geeignete Abgrenzungskriterien. Fraglich ist aber, ob die "Konkretisierung" im Sinne des beschriebenen engeren Rechtsverhältnisver-

---

246   So aber *Bauer*, VerwArch. 78 (1987), 241 (260).

247   Vgl. oben Kap.C III 2 c aa.

248   *Ehlers*, DVBl. 1986, 912 ff., versucht, derartiges normabweichendes Verhalten als Rechtsverhältnis zu qualifizieren, indem er wirksame rechtsgeschäftliche Willens-erklärungen ebenfalls als hinreichende Grundlage eines Rechtsverhältnisses betrachtet. Für den vorliegenden Zusammenhang führt aber auch diese Ansicht nicht weiter, da es sich, wie in Kap. C I 2 a gezeigt, bei normvertretenden Absprachen nicht um rechtsge-schäftliche Willenserklärungen, d.h. mit Rechtsfolgewillen ausgestattete Willenser-klärungen, handelt.

ständnisses, also die Anwendung einer Rechtsnorm auf einen konkreten Sachverhalt durch Erfüllung der Tatbestandsvoraussetzungen, Wesensmerkmal der Rechtsverhältnisse zwischen Staat und Bürger ist.

Achterberg beschreibt zutreffend zwei unterschiedliche Kategorien von Rechtsverhältnissen, die volldeterminierten und die teildeterminierten[249]. Volldeterminierte Rechtsverhältnisse sind solche, bei denen eine Norm ein Rechtsverhältnis unmittelbar begründet, teildeterminierte solche, bei denen eine Norm die Begründung eines Rechtsverhältnisses nur zuläßt. Es gibt Rechtsverhältnisse, die den beteiligten Subjekten große autonome Gestaltungsspielräume einräumen[250]. Gleichzeitig muß es aber eine Grenzlinie geben, an der der nur sozialnormgestaltete Bereich gesellschaftlichen Lebens beginnt. Würde man jegliche Teildetermination, unabhängig von ihrer Intensität als rechtsverhältnisbegründend ansehen, wäre man wieder bei dem konturenlosen "allgemeinen Rechtsverhältnis". Die Grenzlinie zwischen nur sozialnormgestaltetem Verhalten und rechtsnormgestaltetem Verhalten für das Verhältnis zwischen Staat und Bürger ist unter Berücksichtigung der Möglichkeit einer Teildetermination festzulegen.

Determinierende Norm für jegliches staatliches Handeln ist das Grundgesetz, das allerdings in den meisten Fällen das Staatshandeln nicht unmittelbar, sondern höchstens mittelbar determiniert[251], indem es einen Rahmen für das staatliche Handeln setzt. Die weitgehende Gestaltungsfreiheit des Gesetzgebers bleibt bestehen. Es besteht, wie auch im supranationalen Bereich, ein Primat der autonomen Gestaltung bei gleichzeitiger Verminderung der Kategorie des Sollens[252]. Dies bedeutet aber nicht ein Abgleiten in den nichtrechtlichen Bereich, vielmehr bleibt jedes Staat-Bürger-Verhältnis rechtsstaatlich geprägt. Versteht man nämlich Recht als ein Mittel verbindlicher rationaler Ordnung, das Maßstäbe, Verfahren und Institutionen

---

249 Vgl. hierzu *Achterberg*, Die Rechtsordnung als Rechtsverhältnisordnung, S. 43 ff.

250 Als Beispiel seien die Rechtsverhältnisse im supra- und interstaatlichen Bereich genannt, die nur in geringem Umfang durch internationale Rechtsordnungen determiniert werden; dazu *Achterberg*, a.a.O., S. 38 f.

251 Vgl. hierzu *Achterberg*, a.a.O., S. 85.

252 Vgl. hierzu *Achterberg*, a.a.O., S. 38.

umfaßt[253], so wird der Rechtsstaat durch die gesamte bestehende Rechtsordnung geprägt, die Sozialordnung wird zur Rechtsordnung, das Individuum zum Rechtssubjekt und sein Verhältnis zum Staat zum Rechtsverhältnis[254].

Art. 20 Abs. 3 und Art. 1 Abs. 3 GG haben in den letzten Jahrzehnten insbesondere durch die Rechtsprechung des Bundesverfassungsgerichts zu einer sehr starken Konkretisierung und Verdichtung des materiellen Verfassungsrechts geführt[255]. Gemäß Art. 20 Abs. 3 GG sind die staatlichen Organe bei allen staatlichen Handlungen an die verfassungsmäßige Ordnung gebunden; ihr Handeln ist durchgehend an der Verfassung zu messen[256]. Ein wirklich rechtsfreier Raum des Staates ist in unserem Rechtsstaat nicht vorstellbar; der "begrenzende Rahmen" Grundgesetz gibt dem Staat unterschiedlich weite Spielräume. Diese Erkenntnis macht zugleich deutlich, daß jedes Staat-Bürger-Verhältnis in einem gewissen Umfang rechtlich determiniert und damit potentielles Rechtsverhältnis im engeren Sinne ist. Zwischen Staat und Bürger kann es kein reines Sozialverhältnis geben, in dem nur moralische und/oder ethische Kategorien Geltung beanspruchen können. Dies bedeutet kein Innovationsverbot für den Staat, jedoch unterliegt der Staat auch bei der Wahl neuer Handlungsformen den gleichen rechtlichen Bindungen wie bei den traditionellen Formen. Jedes Staat-Bürger-Verhältnis ist vom Recht geprägt und in seinen Auswirkungen gerichtlich überprüfbar. Ob seitens der Beteiligten der Wille besteht, alle diese Rechtsnormen zu umgehen oder nicht, kann dabei völlig außer Betrachtung bleiben.

Entscheidend dafür, ob im Verhältnis zwischen Staat und Bürger ein Rechtsverhältnis im engeren Sinne entsteht, ist nicht die Anwendung einer bestimmten Rechtsnorm auf einen Sachverhalt, sondern vielmehr, ob der Staat sich zu einzelnen Bürgern bzw. Bürgergruppen in eine Sonderbeziehung begibt, die eindeutig von dem gegenüber jedermann bestehenden Rechtsverhältnis abzugrenzen ist. Die

---

253 So z.B. *Schmidt-Aßmann*, in: Isensee/Kirchhof, Handbuch des deutschen Staatsrechts, Bd. I, S. 1000.

254 So ausdrücklich *Schmidt-Aßmann*, a.a.O., S. 1000.

255 Vgl. *Herzog*, in: Maunz-Dürig, Grundgesetz, Art. 20 VI, Rn. 5.

256 Vgl. *Hesse*, Grundzüge des Verfassungsrechts, Rn. 199; *Herzog*, in: Maunz-Dürig, Grundgesetz, Art. 20 VI, Rn. 17.

Formenwahl ist insoweit nachrangig. Vertrag, Absprache und Rechtsnorm sind dazu geeignet, ein besonderes Näheverhältnis zwischen Bürger und Staat zu begründen. Dieses besondere Näheverhältnis führt zu wechselseitigen Rechten und Pflichten und kann daher als Rechtsverhältnis bezeichnet werden. Für die Rechtsnorm ist insoweit eine Einschränkung zu machen, als sie an jedermann gerichtet ist, jedoch das Sonderverhältnis und damit das Rechtsverhältnis nur zu denen entsteht, die die Tatbestandsmerkmale der Norm erfüllen. So begründen verwaltungsrechtliche Normen, auch wenn an sie bestimmte staatliche Leistungen geknüpft sind, kein Rechtsverhältnis zwischen Staat und Bürger. Erst durch eine Interaktion zwischen Bürger und Staat, z.B. durch eine Antragstellung seitens des Bürgers, entsteht das Verwaltungsrechtsverhältnis. Die Rechtsnormen enthalten die Ermächtigung für den einzelnen Bürger, Rechtsverhältnisse zu begründen[257].

Es bleibt festzuhalten, daß im Verhältnis zwischen Staat und Bürger ein Rechtsverhältnis im engeren Sinne entsteht, wenn es infolge eines besonderen Kontaktes zwischen Staat und Bürger zu einer verdichteten, besonderen öffentlich-rechtlichen Rechtsbeziehung kommt[258]. Ob dabei die Tatbestandsvoraussetzungen einer Rechtsnorm erfüllt werden, ist aufgrund der rechtsstaatlichen Bindung des Staates irrelevant, allein entscheidend ist die hinreichende Individualisierung der Beziehung.

Die normvertretenden Absprachen sind durch die Schaffung von Sonderbeziehungen zwischen dem Staat und einzelnen Bürgern bzw. Bürgergruppen gekennzeichnet, durch die das Verhältnis zu diesen Bürgern von dem Verhältnis zum "Jedermann" deutlich abgehoben ist. Bereits durch die staatliche Einflußnahme schafft der Staat diese Sonderbeziehung und damit ein Rechtsverhältnis. Dieses Rechtsverhältnis ist durch die Bindungen des Staates an die Grundrechte und die verfassungsmäßige Ordnung zunächst nur teilweise festgelegt. Es wird in den an-

---

257   So auch für die Verwaltungsrechtsverhältnisse *Erichsen*, in: Erichsen/Martens, Allgemeines Verwaltungsrecht, § 10 II, S. 139, der allerdings, zu weitgehend, durchsetzbare Rechte und Pflichtenbeziehungen verlangt.

258   Vgl. hierzu *Rupp*, Grundfragen der heutigen Verwaltungsrechtslehre, S. 15 ff.; *Wolff/Bachof*, Verwaltungsrecht I, § 32 VI a; *Isensee*, Die typisierende Verwaltung, S. 103; *Häberle*, Die Verfassung des Pluralismus, S. 253 f.; *Erichsen*, in: Erichsen/Martens, Allgemeines Verwaltungsrecht, § 10 II; *Wallerath*, Allgemeines Verwaltungsrecht, § 6 V 1.

schließenden Verhandlungen aus und umgestaltet. Die staatlichen Ziele können sich während den Verhandlungen verändern, private Absprachepartner auf die Ausübung ihnen zustehender Rechte verzichten[259], weitere Absprachepartner zu den Verhandlungen hinzukommen. So entwickelt sich das durch die staatliche Einflußnahme entstehende Rechtsverhältnis in einem dynamischen Prozeß fort. Häufig wird es von einem zweipoligen Verhältnis StaatBürger zu einem mehrpoligen Verhältnis, in dem sich auch zwischen den beteiligten privaten Absprachepartnern Rechtsverhältnisse entwickeln[260]. Auch nach Abschluß der normvertretenden Absprache i.e.S. besteht das Rechtsverhältnis, wenn auch mit erneut veränderten Inhalten[261], weiter.

3. Die Anwendung der Rechtsverhältnislehre auf das Verhältnis zwischen den privaten Absprachepartnern

Mit der Feststellung, daß zwischen Staat und Bürger ein Rechtsverhältnis entsteht, ist die Folgefrage verbunden, ob dieses Rechtsverhältnis nur zwischen dem Staat und den einzelnen privaten Absprachepartnern oder auch zwischen diesen besteht.

Im Gegensatz zum Handeln des Staates ist das Handeln des "Privaten" nicht automatisch durch Rechtsnormen bestimmt. Zwar gilt auch im privaten Bereich ein insbesondere durch die Normen des Strafrechts gesetzter Rahmen, so daß jedes Sozialverhältnis in gewissem Umfang auch als rechtlich determiniert angesehen werden kann, jedoch ist diese Determinationswirkung nicht mit der der Art. 20 Abs. 3 und 1 Abs. 3 GG, die unmittelbar nur den Staat binden, zu vergleichen. Die für das StaatBürger-Verhältnis richtige Annahme, daß die Schaffung einer Sonderbeziehung zum einzelnen Bürger immer ein Rechtsverhältnis begründet, kann in dieser Allgemeinheit nicht für das Bürger-Bürger-Verhältnis übernommen werden.

Ein Rechtsverhältnis zwischen den privaten Absprachepartnern wäre dann zu bejahen, wenn durch den Einfluß des zwischen Staat und Bürger existierenden Rechtsverhältnisses die beteiligten privaten Absprachepartner selber Teil der Staatsgewalt

---

259   hierzu näher unten Kap. E III 1 b.
260   hierzu im Anschluß Kap. C III 3.
261   zu diesen näher unten Kap. D.

würden und damit ihr Handeln an Art. 20 Abs.3 und Art 1 Abs.3 GG zu messen wäre. In diesem Falle müßten auch die durch das zwischen dem Staat und den privaten Absprachepartnern bestehende Rechtsverhältnis geprägten Verhältnisse zwischen den privaten Partnern Rechtsverhältnisse sein.

Dies könnte aber nur dann angenommen werden, wenn infolge der Absprachen die privaten Absprachepartner selber berechtigt wären, Hoheitsrechte als eigene Aufgabe, sozusagen als "Beliehene", auszuüben[262]. Gegen eine derartige "Beleihung" spricht bereits das Fehlen eines förmlichen Übertragungsaktes in gesetzlicher Form[263]. Die staatliche Aufgabe bleibt als solche bestehen, der Private wird nur in seiner Rolle als privates Wirtschaftssubjekt in die Pflicht genommen. Wie *Krüger*[264] zutreffend feststellt, delegiert der Staat nicht mit der Folge, daß er nur noch Aufsichtspflichten hätte, sondern er veranlaßt den Privaten nur, eine öffentliche Aufgabe zu seiner eigenen, im privaten Geschäftsbetrieb umzusetzenden Aufgabe zu machen. Damit fällt der Private trotz seines Rechtsverhältnisses zum Staat nicht unter die Herrschaft der Grundrechte und der verfassungsmäßigen Ordnung[265].

Da somit die zwischen den privaten Absprachepartnern getroffenen Absprachen nicht unmittelbar durch die Verfassung festgelegt werden, kann nicht unter direkter Berufung auf Art. 20 Abs. 3 und Art. 1 Abs. 3 GG ein Rechtsverhältnis zwischen den privaten Absprachepartnern angenommen werden. Vielmehr ist zu fragen, wodurch die Absprachen zwischen den Privaten bestimmt werden.

Determinierende Rechtsnormen im Sinne des oben beschriebenen Rechtsverhältnisverständnisses sind, wie auch für das Verhältnis zwischen Staat und privatem Absprachepartner, nicht unmittelbar zu erkennen. Jedoch können die Absprachen

---

262 Vgl. hierzu umfassend *Steiner*, Öffentliche Verwaltung durch Private, sowie *Ossenbühl/Gallwas*, Die Erfüllung von Verwaltungsaufgaben durch Private, VVDStRL 29 (1971), 137 ff.; *Krautzberger*, Die Erfüllung öffentlicher Aufgaben durch Private; *von Heimburg*, Verwaltungsaufgaben und Private.

263 Vgl. *Maurer*, Allgemeines Verwaltungsrecht, § 23, Rn. 58; und die in der vorhergehenden Fußnote genannten Autoren.

264 *Krüger*, Das wirtschaftspolitische Mitwirkungsverhältnis, S. 40.

265 So auch *Krüger*, a.a.O., S. 41.

zwischen den Privaten nicht losgelöst von den Absprachen mit dem Staat gesehen werden. Sie sind auf dieses Rechtsverhältnis hin orientiert und durch dieses Rechtsverhältnis determiniert. Infolge der staatlichen Einflußnahme kommt es zu den Kontakten zwischen den privaten Absprachepartnern, sie sind auf diese Einflußnahme ausgerichtet und versuchen, ihr gerecht zu werden. Die Absprachen zwischen den Privaten werden hinfällig, sobald der Staat sich nicht mehr an die normvertretende Absprache i.e.S. gebunden sieht, sondern sie im Wege des Erlasses von Rechtsnormen obsolet macht. Ein an einem Rechtsverhältnis orientiertes und von diesem determiniertes Verhältnis wird durch diese Determination selber zum Rechtsverhältnis. Darüber hinaus wird sich noch zeigen[266], daß auch der zwischen den beteiligten Privaten ablaufende Absracheprozeß sich nicht nur auf der Ebene eines "Gefälligkeitsverhältnisses" bewegt. Vielmehr wird er von eigenen rechtlichen Kategorien, die, da sich die Absprachepartner auf der Ebene der Gleichordnung gegenüberstehen, aus dem Zivilrecht entlehnt werden können, geprägt. Zu nennen ist hier insbesondere der sich aus dem Grundsatz von Treu und Glauben ergebende Vertrauensschutzgedanke[267].

Damit kann festgestellt werden, daß sowohl das Verhältnis zwischen dem Staat und den privaten Absprachepartnern wie auch das Verhältnis zwischen diesen als Rechtsverhältnis zu qualifizieren ist.

IV. Die Zuordnung zu einem Rechtsgebiet unter Anwendung der Rechtsverhältnislehre

1. Zuordnung der staatlichen Einflußnahme

Durch die staatliche Einflußnahme wird ein Rechtsverhältnis zwischen dem Staat und den beteiligten privaten Absprachepartnern begründet[268]. Ob dieses Rechtsver-

---

266   Vgl. unten Kap. D III.

267   Vgl. hierzu näher unten Kap. D III; ebenso *Bahntje*, Gentlemen's Agreement und
       abgestimmtes Verhalten, S. 186; umfassend zum Vertrauensschutzgedanken
       Canaris, Die Vertrauenshaftung im deutschen Privatrecht.

268   Vgl. hierzu oben Kap. C III 2 c dd.

hältnis öffentlich-rechtlicher oder privatrechtlicher Natur ist, ergibt sich nicht bereits aus der Einordnung dieses Verhältnisses als Rechtsverhältnis. Rechtsverhältnis ist dieses Verhältnis aufgrund der Bindung des Staates an Art. 20 Abs.3 und Art. 1 Abs. 3 GG[269]. Dieser Bindung unterliegt der Staat unabhängig davon, ob er öffentlich-rechtlich oder privatrechtlich handelt[270]. Allein aufgrund der verfassungsrechtlichen Bindungen des Staates kann daher die Zuordnung zu einem Rechtsgebiet nicht erfolgen. Vielmehr muß für die Zuordnung dieses Rechtsverhältnisses auf die klassischen Abgrenzungstheorien zurückgegriffen werden. Diese führen, wie oben gezeigt[271], zu dem Ergebnis, daß das durch die staatliche Einflußnahme zwischen Staat und den privaten Absprachepartnern begründete Rechtsverhältnis dem öffentlichen Recht zuzuordnen ist.

2. Zuordnung der normvertretenden Absprache i.e.S. und der Vollzugshandlungen

Bei dem Versuch der Zuordnung der normvertretenden Absprache i.e.S. und der zum Vollzug dieser Absprachen erforderlichen Handlungen versagten die klassischen Abgrenzungstheorien[272]. Hier führt die Erkenntnis, daß es sich bei der gesamten normvertretenden Absprache um ein einheitliches, sich in einem dynamischen Prozeß veränderndes Rechtsverhältnis handelt, weiter.

a) Die normvertretende Absprache i.e.S.

Wie gezeigt, wird das Rechtsverhältnis durch die staatliche Einflußnahme als öffentlich-rechtliches begründet, durch die darauf folgenden Verhandlungen umgestaltet und in der normvertretenden Absprache i.e.S. konkretisiert. Es kommt nicht zu einer Beendigung des durch die staatliche Einflußnahme begründeten Rechtsverhältnisses und der Begründung eines weiteren Rechtsverhältnisses durch die normvertretende Absprache i.e.S.. Ein einheitliches Rechtsverhältnis verliert aber durch die in den Verhandlungen bewirkten Veränderungen nicht seinen Charakter als öf-

---

269   Hierzu und zu den weiteren Voraussetzungen oben Kap. C III 2 c dd.
270   vgl. hierzu oben Kap. C II 2 c.
271   Vgl. oben Kap. C II 2 c.
272   Vgl. hierzu oben Kap. C II 2 d.

fentlich-rechtliches Rechtsverhältnis. In seinen Grundstrukturen bleibt das Rechtsverhältnis erhalten. Ohne die staatliche Einflußnahme kämen die normvertretenden Absprachen nicht zustande[273], die staatliche "Initialzündung" ist das dominierende Element der Verhandlungen, sie ist conditio sine qua non für die Aufnahme und den Erfolg der Verhandlungen zwischen Staat und privaten Absprachepartnern. Es kann von einem mehrpoligen Rechtsverhältnis mit vertikaler (Verhältnis Staat - private Absprachepartner) und horizontaler (Verhältnis der privaten Absprachepartner untereinander) Komponente gesprochen werden, das vor allen Dingen von der staatlichen Drohung mit hoheitlichem Zwang und dem verfolgten öffentlichen Zweck geprägt wird[274].

Das gesamte Rechtsverhältnis soll öffentlich-rechtliche Rechtsetzung überflüssig machen. Die normvertretenden Absprachen i.e.S. sind Ersatz für öffentlich-rechtliche Normen[275]. Auch dies spricht dafür, die normvertretenden Absprachen i.e.S. dem öffentlichen Recht zuzuordnen.

Es handelt sich bei den normvertretenden Absprachen um *ein* einheitliches, mehrpoliges, der Erfüllung öffentlicher Zwecke dienendes Rechtsverhältnis.

b) Die Vollzugshandlungen

Fraglich ist, ob auch die zum Vollzug der Absprachen zwischen den privaten Absprachepartnern geschlossenen Absprachen bzw. Verträge dem öffentlichen Recht zuzuordnen sind, da sie häufig staatlicher Beteiligung entbehren.

Aber auch diese können nicht von der zugrundeliegenden Absprache getrennt werden. Die Vollzugsabsprachen existieren nur wegen und im Hinblick auf das staatliche Handeln und die getroffenen Vereinbarungen, sie ersetzen staatliches Handeln und sind wegen ihres unmittelbaren Bezuges zu diesem staatlichen Handeln

---

273   Vgl. oben Kap. B III 3 und B IV 4.
274   So schon *Kaiser*, NJW 1971, 585 (586); *Baudenbacher*, JZ 1988, 689 (694).
275   Vgl. auch *Baudenbacher*, a.a.O., 689 (694); *Menger*, VerwArch 64 (1973), 203 ff.;
      Wolff/Bachof, Verwaltungsrecht I, S. 345.

nach öffentlichem Recht zu beurteilen. Es handelt sich nicht, entsprechend der sogenannten Zweistufentheorie im Subventionsrecht[276], auf der Vollzugsebene nur noch
um die Ausgestaltung der Abwicklungsmodalitäten, die dem Zivilrecht zugeordnet
werden könnte. In den Absprachen, Verträgen oder Realakten liegt erst die vom
Staat nicht einseitig erreichbare Ersetzung des ansonsten erforderlichen Ho-
heitsaktes. Die vorher liegenden Verhandlungen haben als solche die vom Staat er-
wünschte Wirkung noch nicht, sondern zeigen nur den Weg zur Vermeidung förmlichen staatlichen Handelns auf.

Wird die als Ergebnis der Verhandlungen gefundene Vereinbarung von irgendeiner
Seite nicht eingehalten, hat dies unmittelbar erhebliche Auswirkungen auf die
Vollzugsabsprachen[277], unabhängig davon, ob an diesen noch alle Partner der zugrundeliegenden Verhandlungen beteiligt waren. Auch die nur zwischen den privaten Absprachepartnern getroffenen Vereinbarungen dürfen nicht vom staatlichen
Mitwirkungsakt getrennt werden und werden von diesem so stark beeinflußt, daß
sie selber dem öffentlichen Recht zuzurechnen sind. Auch Privatrechtssubjekte
können, ohne "Beliehene" zu sein, soweit sie öffentliche Zwecke erfüllen, auf dem
Gebiet des öffentlichen Rechts tätig werden[278]. Die Dispositionsbefugnis über öffentlichrechtliche Rechte und Pflichten muß nicht zwingend mit der Verleihung echter Hoheitsrechte übereinstimmen[279]. Normvertretende Absprachen besitzen insoweit Ähnlichkeit mit öffentlich-rechtlichen Verträgen, für die anerkannt ist[280], daß
sie auch von Privaten zumindest dann abgeschlossen werden können, wenn die
Rechtsordnung den Privaten derartige Dispositionsbefugnisse einräumt. Für die
Vollzugsabsprachen zwischen den privaten Absprachepartnern fehlt es zwar an einer
ausdrücklichen Ermächtigung über öffentlichrechtliche Rechte und Pflichten zu
disponieren, jedoch wird den privaten Absprachepartnern in der normvertretenden

---

276 Vgl. hierzu BVerwGE 1, 308 ff.; *Erichsen*, in Erichsen/Martens, Allgemeines Verwaltungsrecht § 31; *Wallerath*, Allgemeines Verwaltungsrecht, § 2 II 2a; jeweils m.w.N..
277 zu diesen Auswirkungen näher unten Kap. D III.
278 Vgl. hierzu nur *Erichsen*, in: Erichsen/Martens, Allgemeines Verwaltungsrecht, § 25 III.
279 vgl. nur *Erichsen*, in: Erichsen/Martens, Allgemeines Verwaltungsrecht, § 25 III, S. 319
mit vielen Hinweisen auf weiterführende Literatur; a.A. *Gern*, NJW 1979, 694 (695), der
einen Beleihungsakt für erforderlich hält.
280 vgl. nur *Erichsen*, a.a.O.

Absprache i.e.S. eine entsprechende tatsächliche Dispositionsbefugnis eingeräumt. Sie bestimmen, auf welchen Wegen das in der normvertretenden Absprache i.e.S. vorgegebene öffentliche Ziel erreicht wird.

3. Zusammenfassung

Es handelt sich bei den normvertretenden Absprachen um mehrpolige öffentlich-rechtliche Rechtsverhältnisse, deren einzelne Elemente in einem unlösbaren Zusammenhang stehen. Ihre Zuordnung zu verschiedenen Rechtsgebieten mit unterschiedlichen Rechtsfolgen würde eine nicht sinnvolle Trennung zusammengehörender Sachverhalte darstellen. Die Enge des Zusammenhangs verlangt eine einheitliche Beurteilung des gesamten Vorgangs[281]. Damit kann zusammenfassend festgestellt werden, daß alle Bestandteile normvertretender Absprachen, ausgehend von der staatlichen Einflußnahme bis hin zum Vollzug dieser Absprachen, dem öffentlichen Recht zuzuordnen sind. Sie dienen der Erfüllung eines öffentlichen Zwecks und ersetzen einseitiges hoheitliches Handeln durch neue Formen kooperativen hoheitlichen Handelns.

D. Die an normvertretende Absprachen zu knüpfenden Rechtsfolgen

I. Das Verhältnis zwischen Staat und Privaten

1. Stellungnahmen zur rechtlichen Verbindlichkeit in der Literatur

Die Beschreibung normvertretender Absprachen als öffentlich-rechtliche Rechtsverhältnisse besagt noch nichts über ihre Verbindlichkeit und ihre rechtlichen Grenzen.

---

281   So auch das BVerwG für den ähnlich gelagerten Bereich der FolgekostenVerträge, vgl. BVerwGE 42, 331 (333), dazu auch *Menger*, VerwArch 64 (1973), 203 ff.

Wie bereits oben[282] gesehen, können normvertretende Absprachen nicht als rechtsverbindliche Verträge staats- oder verwaltungsrechtlicher Natur gewürdigt werden. Dementsprechend können z.b. die Regelungen, die für einen verwaltungsrechtlichen Vertrag im Verwaltungsverfahrensgesetz vorgesehen sind, zumindest keine direkte Anwendung auf die hier zu betrachtenden Absprachen finden.

Bedeutet dies, daß normvertretende Absprachen keine Rechtsfolgen erzeugen können? Oder können zumindest Nebenpflichten bestehen, bei deren Verletzung Schadensersatzansprüche denkbar erscheinen? In der Literatur werden hierzu sehr unterschiedliche Lösungsansätze angeboten.

Es gibt Ansichten, die den normvertretenden Absprachen jegliche rechtliche Verbindlichkeit aberkennen wollen[283]. Die Bindungswirkung sei insgesamt nur politischer Natur, dementsprechend könne es auch nur politischsoziale Sanktionsmöglichkeiten geben. *Becker* formuliert ausdrücklich: "Nichterfüllung, Schlechterfüllung, Verzug oder nachträgliche Unmöglichkeit lösen aufgrund der rechtlichen Unverbindlichkeit keine Schadensersatzansprüche aus. Aus dem Paktieren zwischen Staat und Unternehmen läßt sich auch kein Vertrauensverhältnis konstruieren. Jede Seite trägt das Risiko eines Fehlschlags selbst. Ein Bruch der Absprache bleibt generell ohne rechtliche Wirkung"[284].

Andere lehnen ebenfalls die Entwicklung einer nicht gewollten Verbindlichkeit über die Grundsätze des Vertrauensschutzes, von Treu und Glauben oder der Selbstbindung der Verwaltung ab, halten jedoch eine Haftung nach den Grundsätzen der c.i.c. für denkbar[285].

---

282 Vgl. Kap. C I 2 a.

283 Vgl. *Bohne*, VerwArch 75 (1984), 343 (361); *Becker*, DÖV 1985, 1003 (1010).

284 Vgl. *Becker*, a.a.O., 1003 (1010).

285 Vgl. z.B. *Maurer*, Allgemeines Verwaltungsrecht, § 15, Rn. 14, der sich allerdings nur mit verwaltungsaktersetzenden Absprachen beschäftigt; der generelle Aussagegehalt trifft aber auch auf die normvertretenden Absprachen zu.

Über diese Ansichten hinaus geht *Oldiges*[286], der zwar ebenfalls die rechtliche Unverbindlichkeit der Absprachen anerkennt, jedoch als Folge der Kooperation ein Vertrauensverhältnis zwischen den Absprachepartnern zu erkennen glaubt, aus dem der Staat, ähnlich wie bei einem Plangewährleistungsanspruch, nicht ohne Schadensersatzpflicht wieder ausbrechen könne.

2. Eigene Stellungnahme

Für die These von der völligen Unverbindlichkeit der normvertretenden Absprachen spricht der offensichtliche Wille aller Beteiligten, die Anwendung von Rechtsnormen auf solche Vereinbarungen zu vermeiden. Betrachtet man jedoch die Absprachen genauer, so erkennt man, daß die staatliche Einflußnahme, die *Kloepfer* nicht zu Unrecht als eine "feinere Form von Nötigung" bezeichnet[287], nicht aus der Betrachtung ausgeblendet werden kann. Kann der die privaten Absprachepartner faktisch zum Abschluß einer Absprache "nötigende" Staat sich jederzeit, ohne rechtliche Konsequenzen fürchten zu müssen, von der Absprache lösen? Oder hat er, zumindest bei Abweichen von dem von ihm zugesagten Verhalten, Entschädigungen zu leisten? Muß andererseits nicht auch der Private, der eine getroffene Absprache bewußt boykottiert, für die Folgen seines Vertrauensbruchs haften?

Wenn man diese Fragen mit ja beantwortet, ist die Folgefrage zu stellen, wer Anspruchsberechtigter eines derartigen Vertrauensschadensersatzanspruches ist - die privaten Absprachepartner, die die Absprache eingehalten haben, oder staatliche Instanzen? Bevor auf diese Frage näher eingegangen werden kann, muß zunächst die Grundfrage geklärt werden, ob - und wenn ja - welche Ansprüche zwischen den Absprachepartnern bestehen können.

Ausgangspunkt der nachfolgenden Überlegungen ist die oben[288] getroffene Feststellung, daß es sich bei normvertretenden Absprachen um mehrpolige öffentlichrechtliche Rechtsverhältnisse handelt. Die ganz herrschende Meinung geht davon

---

286   *Oldiges*, WiR 73, 1 (9).
287   *Kloepfer*, VVDStRL 38 (1980), 373.
288   Vgl. Kap. C III 2 c dd.

aus, daß sich rechtliche Konsequenzen nicht an das Rechtsverhältnis als solches, sondern nur an die Rechtsnormen, die das Rechtsverhältnis begründen und gestalten, anknüpfen lassen[289]. Unterschiedliche Rechtsverhältnisse erfordern daher grundsätzlich unterschiedliche rechtliche Beurteilungen.

Die Fragestellung, ob dennoch für alle Rechtsverhältnisse unabhängig von den sie determinierenden Rechtsnormen Gemeinsamkeiten festgestellt werden können[290], kann für den vorliegenden Zusammenhang auf die Frage reduziert werden, ob für die Rechtsverhältnisse zwischen Staat und Bürger übereinstimmende Rechte und Pflichten zu erkennen sind.

a) Die Pflichten des Staates

aa) Allgemeine Grundsätze

Allgemein anerkannt ist, daß das Verbot unzulässiger Rechtsausübung und der Grundsatz von Treu und Glauben in allen Rechtsgebieten Anwendung zu finden haben[291] und der Staat darüber hinaus bei allen seinen Handlungen an das Rechtsstaatsprinzip, den Verhältnismäßigkeitsgrundsatz und den Gleichheitssatz gebunden ist[292]. Da staatliches Handeln gerade wegen dieser Bindung immer dann Handeln in Rechtsverhältnissen ist, wenn der Staat sich in eine Sonderbeziehung zu einzelnen Bürgern begibt[293], sind die so entstehenden Rechtsverhältnisse auch von den

---

289   So ausdrücklich *Schnapp*, DÖV 1986, 811 (819); aber auch *Erichsen*, in: Erichsen/-Martens, Allgemeines Verwaltungsrecht, § 10 II, Rn. 141, Fn. 25; *Maurer*, Allgemeines Verwaltungsrecht, § 8, Rn. 24; anders möglicherweise *Wolff/Bachof*, Verwaltungsrecht II, § 73 III b 3 zum Amtswaltergrundverhältnis.

290   So wie dies *Wolff/Bachof* a.a.O. für das Amtswaltergrundverhältnis zu erkennen glauben.

291   Vgl. nur *Schmidt-Aßmann*, in: Isensee/Kirchhof, Handbuch des deutschen Staatsrechts, Bd. I, S. 1000. .

292   Vgl. hierzu nur *Kirchhof*, in: Isensee/Kirchhof, Handbuch des deutschen Staatsrechts, Bd. III, S. 126.

293   Vgl. hierzu oben Kap.C III 2 c dd.

genannten Grundsätzen geprägt[294]. Aus diesen zunächst sehr allgemeinen Rechtsgrundsätzen, die als solche nicht geeignet sind, allgemeingültige Rechts und Pflichtenbeziehungen zu beschreiben[295], sind die Konsequenzen für das einzelne konkrete Rechtsverhältnis, die einzelne öffentlich-rechtliche Sonderverbindung zu ziehen.

bb) Die Parallele: Influenzierende Pläne

In diesem Zusammenhang muß eine andere, ähnlich gelagerte staatliche Handlungsform, die bereits Gegenstand intensiver staats- und verwaltungsrechtlicher Diskussion gewesen ist, Beachtung finden: Die sogenannten "influenzierenden Pläne", die gekennzeichnet sind durch den Willen des Staates, Verhalten des Bürgers nicht durch Befehl und Zwang, sondern durch ein Anreizsystem zu verändern[296]. Staatliche Stellen geben in diesen Plänen ein Ziel vor, das sie aber nicht mittels Ge und Verbot zu erreichen trachten, sondern durch positive Stimulierung des Bürgerverhaltens. Dabei bleibt es dem Bürger grundsätzlich freigestellt, sich von dem Anreizsystem stimulieren zu lassen oder auf die staatlichen Vergünstigungen zu verzichten. Hier wird die Parallele zwischen den normvertretenden Absprachen und den influenzierenden Plänen sehr deutlich. Auch bei den normvertretenden Absprachen hat der Staat ein Ziel vor Augen, sein Anreiz besteht im Regelfall in dem InAussichtStellen des Verzichts auf eine gesetzliche Regelung oder der Gewährung einer Subvention. Der Unterschied zwischen beiden Handlungsformen liegt darin, daß die influenzierenden Pläne einseitige staatliche Handlungsinstrumente sind, während die normvertretenden Absprachen auf Zweiseitigkeit angelegt sind. Man könnte normvertretende Absprachen als in Verhandlungen zwischen Staat und privaten Absprachepartnern ausgehandelte "influenzierende Pläne" beschreiben, die

---

294   Mit dieser Erkenntnis ist der Nachweis, daß die Rechtsverhältnislehre besonders gut zur
       rechtlichen Strukturierung normvertretender Absprachen geeignet ist, noch nicht er
       bracht, da die dargestellten Grundsätze staatliches Handeln auch dann binden würden,
       wenn es nicht als Rechtsverhältnis beschrieben würde. Jedoch wird sich im Fortgang der
       Arbeit zeigen, daß aus der Lehre vom Rechtsverhältnis auch im Hinblick auf diese Grund
       sätze neue Konsequenzen zu ziehen sind.
295   Vgl. *Brohm*, Jura 1986, 617 (619) und *Schenke*, AöR 101 (1976), 332 (358 ff.).
296   Vgl. hierzu z.B. *Maurer*, Allgemeines Verwaltungsrecht, § 16, Rn. 17.

aufgrund der Mitwirkung der Betroffenen eine hohe Realisierungschance besitzen[297].

cc) Der Vertrauensschutz als Ausgestaltung des Rechtsstaatsprinzips

Für die influenzierenden Pläne ist weitestgehend unbestritten, daß auch dann, wenn ein Bindungswille seitens der staatlichen Stellen zu verneinen wäre, allein durch die stimulierende Wirkung einer derartigen Planung Vertrauenstatbestände geschaffen werden können[298].

Würden die staatlichen Stellen die durch normvertretende Absprachen geregelten Materien durch Gesetz regeln, wäre die Aufhebung des Gesetzes an den von der Rechtsprechung als Ausgestaltung des Vertrauensschutzgedankens entwickelten Grundsätzen über die Zulässigkeit der sogenannten "unechten" Rückwirkung von Gesetzen zu messen[299]. Schutzwürdig wäre allerdings in jedem Fall nur das sachlich gerechtfertigte Vertrauen[300].

Abgeleitet wird der Vertrauensschutz aus dem unmittelbar aus dem Rechtsstaatsprinzip herzuleitenden Gedanken der Rechtssicherheit; der Bürger ist nicht verpflichtet, Eingriffe in bestehende Positionen hinzunehmen, mit denen er nicht zu rechnen brauchte und nicht rechnen konnte[301]. Dieser Gedanke beansprucht in seiner Allgemeinheit aber nicht nur Geltung für rückwirkende Gesetze, sondern vielmehr

---

297 Noch näher bei den influenzierenden Plänen als die normvertretenden Absprachen liegt die Regelung des § 14 AbfG, da gem. § 14 Abs. 2 AbfG die abfallwirtschaftlichen Ziele nicht Gegenstand der Verhandlung sind, sondern einseitig von staatlichen Instanzen vorgegeben werden, lediglich die Mittel zur Erreichung des Zieles stehen zur Disposition der Beteiligten.

298 Vgl. *Maurer*, a.a.O., § 16, Rn. 20; kritisch *Brohm*, Jura 1986, 617 (619) und *Schenke*, AÖR 101 (1976), 337 (358 ff.), wie hier *Oldiges*, WiR 1973, 1 (9).

299 Vgl. hierzu *Brohm*, Jura 1986, 617 (619); *Herzog*, in: Maunz/Dürig, Grundgesetz, Art. 20 VII, Rn. 65.

300 Vgl. *Herzog*, a.a.O., Art. 20 VII, Rn. 67, mit umfangreichem Rechtsprechungsnachweis.

301 Vgl. nur BVerfGE 1, 264 (280); 13, 274 (278); 30, 392 (402).

für alle staatlichen Eingriffe, die schutzwürdige Vertrauenspositionen des Bürgers beeinträchtigen.

Dementsprechend ist die Frage zu stellen, welche Positionen bei normvertretenden Absprachen als vertrauensschutzwürdig betrachtet werden können[302]. Dabei ist zu beachten, daß bei normvertretenden Absprachen im Unterschied zu Gesetzen und influenzierenden Plänen nicht nur der private Absprachepartner auf ein bestimmtes staatliches Verhalten vertrauen kann, vielmehr kann durchaus auch seitens des Staates Vertrauen in die privaten Absprachepartner gesetzt werden. Daher muß der Vertrauensschutzgesichtspunkt wechselseitig Berücksichtigung finden.

(1) Erfüllungspflicht aufgrund Vertrauensschutzes

Zunächst stellt sich die Frage, ob aus dem Gesichtspunkt des Vertrauensschutzes eine echte Erfüllungspflicht für normvertretende Absprachen abgeleitet werden kann. Alle Absprachepartner gehen übereinstimmend nicht von einer wechselseitigen Erfüllungsverpflichtung aus. Vielmehr besteht Konsens darüber, daß bereits politische oder ökonomische Zweckmäßigkeitsgesichtspunkte ausreichen, um sich von der Absprache zu lösen. Somit wird hinsichtlich einer eventuellen Erfüllungsverpflichtung kein Vertrauenstatbestand geschaffen mit der Folge, daß insoweit auch kein Vertrauen in Anspruch genommen werden kann[303].

(2) Die Sekundärpflichten

Damit stellt sich nur noch die Frage nach den sich aus den normvertretenden Absprachen ergebenden Sekundärpflichten.

---

302 Zu der Frage, ob normvertretende Absprachen überhaupt mit dem Gedanken der Rechtssicherheit vereinbar sind, näher unten Kap. E III 3 b aa (3).

303 So auch für das zivilrechtliche Gentlemen's Agreement *Bahntje*, Gentlemen's Agreement und abgestimmtes Verhalten, S. 150 f.

(a) Informationspflicht

Eine Absprache kann nur dann erfolgreich sein, wenn sie aufgrund umfassender gegenseitiger Information über die tatsächlichen Grundlagen der geplanten Zustandsveränderung abgeschlossen wird. Es ist die Funktion und die Chance normvertretender Absprachen beidseitig bestehende Informationslücken zu schließen und so realisierbare Problemlösungskonzepte zu entwickeln. Daher besteht auf allen Seiten die Verpflichtung, sich wechselseitig über die tatsächlichen Grundlagen vollständig und umfassend zu informieren[304]. Soll z.B. die Qualität des Grundwassers verbessert werden, hat der Staat alle ihm zur Verfügung stehenden Daten über das Grundwasser zur Verfügung zu stellen. Die privaten Absprachepartner haben umfassend über die von ihnen vorgenommenen Stoffeinträge und die Ursachen für diese Einträge zu informieren. Die Auskünfte können die privaten Absprachepartner so lange nicht unter Berufung auf Normen des Datenschutzes verweigern, wie sie aufgrund eigenen Entschlusses an den Verhandlungen über den Abschluß einer normvertretenden Absprache teilnehmen[305]. Soweit die staatliche Einflußnahme die Freiwilligkeit des Handelns der privaten Absprachepartner zerstört, kann der Staat nur in den datenschutzrechtlich gesetzten Grenzen auf die erforderlichen Unternehmensdaten Zugriff nehmen[306].

(b) Pflicht zu schonenden Übergangsregelungen

Es ist zu fragen, ob sich beide Seiten jederzeit von der getroffenen Absprache lösen können oder ob Übergangsregelungen, Vorankündigungen etc. notwendig sind. Da, wie oben gesehen[307], kein Erfüllungsanspruch besteht, könnte man bei einer vordergründigen Analyse zu dem Ergebnis kommen, daß beide Seiten kein Vertrauen in die Erfüllung der Verpflichtung setzen und damit jederzeit zum Abweichen von der getroffenen Absprache berechtigt sind.

---

304 Vgl. für das Plangewährleistungsrecht, dessen Gedanken hier entsprechend heranzuziehen sind, *Brohm*, Jura 1986, 617 (619).

305 Zu den Grenzen der Einwilligungsmöglichkeiten im Datenschutzrecht vgl. *Brossette*, Der Wert der Wahrheit, S. 243 ff.

306 Wann dies der Fall ist, wird näher unten in Kap. E III 1 b erläutert.

307 Vgl. Kap. D I 2 a cc (1).

Jedoch können gerade in diesem Zusammenhang die unterschiedlichen Machtverhältnisse zwischen den Beteiligten nicht ignoriert werden. Während für den Staat im Regelfall eine Wahlfreiheit zwischen dem Eingehen einer normvertretenden Absprache und dem Erlaß eines Gesetzes besteht und die Entscheidung vorwiegend unter Effektivitätsgesichtspunkten getroffen wird[308], gehen die privaten Absprachepartner eine staatlich inspirierte Absprache im Regelfall nicht völlig freiwillig ein, sondern unter dem Einfluß von staatlichen Drohungen mit Gesetzesinitiativen, von öffentlichen Appellen oder von subventionsähnlichen Anreizmitteln. Der Staat übt einen faktischen Zwang aus, der häufig den Eingriffswirkungen eines Gesetzes nahekommt, diese im Einzelfall sogar übersteigen kann[309]. Es kommt zu einer Zusammenarbeit unter Ungleichen[310]. In der Literatur wird sogar die Ansicht vertreten, es handele sich um echte Subordinationsverhältnisse, mit der Folge, daß nur der Staat unter Vertrauensschutzgesichtspunkten gebunden sein könnte[311]. Hiergegen spricht jedoch der große Einfluß, den die privaten Absprachepartner infolge fehlender staatlicher Durchsetzungsmacht[312] auf die Ausgestaltung der Absprachen ausüben können. Dennoch erscheint die Erkenntnis richtig, daß Partner, die mit unterschiedlicher Rechtsmacht aufeinandertreffen, unterschiedlichen Rechten und Pflichten ausgesetzt sein müssen. Wer nur mit einer begrenzten Freiwilligkeit in eine derartige Absprache geht, kann von dem, der ihn "beeinflußt" hat, mehr Rücksichtnahme erwarten, als umgekehrt. Da der Staat durch seine Einflußnahme gesetzesähnliche Wirkungen erzielt und seine Einflußnahme daher potentiell dazu geeignet ist, in Rechte des Bürgers einzugreifen[313], ist er bei der Handhabung des Drohpotentials, bei der Ausgestaltung der Rechtsverhältnisse und bei deren Beendigung

---

308   Vgl. hierzu die Ausführungen oben Kap. B III 2 und unten Kap. G.

309   So auch *v. Zezschwitz*, JA 1978, 497 (501).

310   Vgl. *W. Rüfner*, DVBl. 1976, 689 (694).

311   Vgl. hierzu *Beyer*, Der öffentlich-rechtliche Vertrag , S. 297.

312   Vgl. hierzu oben Kap. B III 2.

313   Vgl. hierzu näher unten Kap. E III 1 a; sowie für den Bereich der staatlichen Warnungen und Empfehlungen *Ossenbühl*, Umweltpflege durch behördliche Warnungen und Empfehlungen.

an den sich aus dem Rechtsstaatsprinzip ergebenden Grundsatz der Verhältnismäßigkeit gebunden[314].

Dies bedeutet zunächst eine Einschränkung des staatlichen Drohpotentials, die
staatliche Drohung muß geeignet, erforderlich und verhältnismäßig im engeren
Sinne sein[315]. Es bedeutet aber auch eine Einschränkung der Möglichkeit, sich jederzeit von der normvertretenden Absprache zu lösen. Die gesamte normvertretende
Absprache kann, wie oben gezeigt[316], nur als ein einheitliches multipolares
Rechtsverhältnis gesehen werden. Sie ist das Ergebnis des durch die staatliche Einflußnahme in Gang gesetzten Verhandlungsprozesses, der zwar zu einer Umgestal-
tung des bereits durch die staatliche Einflußnahme begründeten Rechtsverhältnisses
führen, die freiheitsbeeinträchtigende Wirkung der Einflußnahme jedoch nicht
aufheben kann. Die normvertretende Absprache bleibt eine Art staatlicher Interven-
tion und ist daher an den rechtsstaatlichen Grundsätzen zu messen. Der Eingriff des
Staates in die Freiheitssphäre des Bürgers durch Einsatz seines staatlichen Drohpotentials hat zur Folge, daß der Staat auch bei der Loslösung von der normvertretenden Absprache an den Grundsatz der Verhältnismäßigkeit gebunden ist. Es besteht
als Ausprägung dieses Grundsatzes die Verpflichtung des Staates, angemessene
Übergangsregelungen zu treffen[317].

Dieser Pflicht korreliert keine aus dem Grundsatz von Treu und Glauben herzulei-
tende entsprechende Verpflichtung der Privaten, da auf deren Seite kein Drohpotential vorhanden ist, das den Staat zu einem derartigen Verhalten genötigt hätte.

---

314   Zum Grundsatz der Verhältnismäßigkeit vgl. BVerfGE 61, 126 (134); 69, 1 (35); 76, 256
      (359); *Herzog*, in: Maunz/Dürig, Grundgesetz, Art. 20 VII Rn. 65 ff.; *Degenhardt*,
      Staatsrecht I, Rn. 275; vgl. auch *Wendt*, AÖR 104 (1979), 414 ff.

315   Vgl. hierzu *Degenhardt*, a.a.O.; *Jarass/Pieroth*, Grundgesetz, Art. 20, Rn. 58 ff.; hierzu
      näher unten Kap. E III 1 c.

316   Vgl. hierzu oben Kap. C III 2 d bb.

317   Vgl. hierzu BVerfGE 43, 242 (288); 67, 1 (15); 21, 173 (183); 58, 300 (351); *Herzog*, in:
      Maunz/Dürig, Grundgesetz, Art. 20 VII, Rn. 61; *Jarass/Pieroth*, Grundgesetz, Art. 20,
      Rn. 54; für die rechtlich ähnlich gelagerten Plangewährleistungsrechte *Brohm*, Jura
      1986, 617 (621); umfassend *Lerche*, Übermaß und Verfassungsrecht, S. 268 ff.; *Oldiges*,
      Grundlagen eines Plangewährleistungsrechts, S. 147 ff..

Die fehlende staatliche Durchsetzungsmacht[318] ist kein den privaten Absprache-partnern "in die Hände gegebenes Drohpotential", sondern ein auf staatlicher Seite objektiv bestehendes Defizit, über das niemand verfügen kann.

Es kann allerdings nicht unberücksichtigt bleiben, daß die staatliche Einflußnahme unterschiedlich intensiv ist. So kann der Staat sich z.b. darauf beschränken, eine für die privaten Absprachepartner verzichtbare Subventionierung einer bestimmten Verhaltensänderung anzukündigen oder auch nur öffentliche Appelle an die betrof-fenen Unternehmen zu richten. In solchen Fällen, in denen auf den Einsatz von stärkerem staatlichem Drohpotential verzichtet wird, kann seitens der privaten Ab-sprachepartner auch nur geringeres Vertrauen in Anspruch genommen werden. Inwieweit das Vertrauen der privaten Absprachepartner schutzwürdig ist, ist somit primär von der Stärke der staatlichen Einflußnahme abhängig.

Zusätzlich ist danach zu differenzieren, ob es sich um rechtsverordnungsersetzende oder parlamentsgesetzersetzende Absprachen handelt.

(aa) rechtsverordnungsersetzende Absprachen

Rechtsverordnungsersetzende Absprachen werden nach bisheriger Praxis von den Regierungsstellen vereinbart, die auch für den Erlaß der entsprechenden Rechts-verordnung zuständig wären. Die Entscheidung, sich von der Absprache zu lösen und eine Rechtsverordnung zu erlassen, liegt allein bei diesen Regierungsstellen. Die privaten Absprachepartner können daher darauf vertrauen, daß die beteiligten staatlichen Stellen nicht ohne eine dem von den privaten Absprachepartnern inve-stierten Vertrauen entsprechende Übergangsregelung anstelle der Absprache eine Rechtsverordnung erlassen werden. Hingegen kann kein Vertrauen dahingehend bestehen, daß die gesetzliche Grundlage, auf der die durch die Absprache vertretene Rechtsverordnung basieren würde, unverändert bestehen bleibt, da dies aufgrund fehlender Kompetenz der beteiligten staatlichen Stellen nicht Gegenstand der Absprache sein kann. Eine Bindung des parlamentarischen Gesetzgebers, eine Über-gangsregelung bei Veränderung der gesetzlichen Grundlage einer rechtsverord-

---

318   Hierzu oben Kap. B III 2.

nungsersetzenden Absprache zu schaffen, muß verneint werden. Einerseits ist der parlamentarische Gesetzgeber nicht Absprachepartner, andererseits könnte auch im Falle des Erlasses der ersetzten Rechtsverordnung das zugrunde liegende Gesetz jederzeit geändert werden, soweit sich nicht aus dem Gesetz unmittelbar Vertrauenstatbestände ergäben.

(bb) parlamentsgesetzersetzende Absprachen

Bei einer parlamentsgesetzersetzenden Absprache ist danach zu differenzieren, welche staatliche Stelle Absprachepartner ist.

Absprachepartner könnte, was bis heute nicht geschehen ist, der parlamentarische Gesetzgeber sein. Würde dieser normvertretende Absprachen schließen, wäre er verpflichtet, die dargestellten Vertrauensschutzgrundsätze zu beachten. Dies hätte selbst dann zu gelten, wenn der Gesetzgeber ein entsprechendes Gesetz ohne Schaffung von Übergangsregelungen abändern könnte. Der Gesetzgeber würde sich aufgrund autonomer Entscheidung einer Handlungsform bedienen, die Vertrauenstatbestände begründet. Es hätte ihm freigestanden, diese Folgen durch den Erlaß eines Gesetzes zu vermeiden.

Absprachepartner können des weiteren Staatsorgane sein, die über ein Gesetzesinitiativrecht verfügen. In diesem Fall könnte der private Absprachepartner darauf vertrauen, daß das Staatsorgan nicht ohne eine dem investierten Vertrauen entsprechende Übergangsregelung von seinem Gesetzesinitiativrecht Gebrauch macht. An einem weitergehenden Vertrauenstatbestand könnte es fehlen, da die das Vertrauen durchbrechende Gesetzesinitiative von sonstigen staatlichen Stellen ausgehen könnte, die möglicherweise nicht Partner bei den Verhandlungen waren. Auch insoweit wäre jedoch das Vertrauen der privaten Absprachepartner schutzwürdig, wenn das die Absprache schließende Staatsorgan die übrigen mit Gesetzesinitiativrecht ausgestatteten staatlichen Organe binden könnte oder aber die privaten Absprachepartner zumindest darauf vertrauen könnten, daß eine derartige Bindung eintritt.

Die Annahme einer derartigen Bindung z.B. des Bundestages oder des Bundesrates durch Absprachen der Bundesregierung würde eine Aushöhlung der Kompetenzverteilung in unserem Staat bedeuten. Einzelne Staatsorgane haben zwar das Gesetzesinitiativrecht, aber nicht das Recht, den parlamentarischen Gesetzgeber in seiner Gesetzgebungsfreiheit einzuengen oder das Gesetzesinitiativrecht anderer Staatsorgane zu beschneiden. Da diese Kompetenzverteilung auch den privaten Absprachepartnern bekannt ist, können diese auch nicht darauf vertrauen, daß andere Staatsorgane von ihrem Gesetzesinitiativrecht keinen Gebrauch machen, ohne schonende Übergangsregeln vorzusehen.

Anders wäre dies nur dann zu beurteilen, wenn der parlamentarische Gesetzgeber ein anderes Staatsorgan, z.B. die Bundesregierung, ermächtigen würde, normvertretende Absprachen zu schließen. In diesen Fällen könnten die privaten Absprachepartner auch bei parlamentsgesetzersetzenden Absprachen darauf vertrauen, daß, soweit staatliche Drohungen im Raume stehen, alle staatlichen Organe sich nur in verhältnismäßiger Art und Weise von der normvertretenden Absprache lösen.

Zusammenfassend ist festzuhalten, daß es eine Pflicht der an den normvertretenden Absprachen beteiligten staatlichen Stellen geben kann, schonende Übergangsregelungen für den Fall einer gesetzlichen Regelung vorzusehen. Ob und in welchem Umfang dies der Fall ist, hängt von der Intensität der staatlichen Einflußnahme sowie dem Kreis der beteiligten staatlichen Organe und der ersetzten gesetzlichen Regelung ab.

b) Die Pflichten der privaten Absprachepartner

Das zwischen Staat und privaten Abspracheparteien bestehende Machtungleichgewicht bedeutet für den Staat, daß er einer gewissen "Vertrauenshaftung" unterliegt. Es stellt sich die Frage, ob die privaten Absprachepartner infolge dieses Machtungleichgewichts keinerlei Sekundärpflichten unterliegen. Der Staat verzichtet auf die Gesetzesinitiative nur, weil er an die Bereitschaft der privaten Partner glaubt, die Absprache zu erfüllen, also Vertrauen investiert. Dieses Vertrauen könnte ebenfalls schutzwürdig sein.

Eine Verpflichtung der privaten Absprachepartner, auf schutzwürdige Belange des Staates Rücksicht zu nehmen, läßt sich nicht aus dem Gedanken des Vertrauensschutzes als Ausprägung des Rechtsstaatsprinzips herleiten, da die privaten Absprachepartner keine Hoheitsträger und damit an das Rechtsstaatsprinzip gebundene Subjekte sind[319]. Der Gedanke des Vertrauensschutzes, der im Zivilrecht nach h.M. aus dem Prinzip von Treu und Glauben abgeleitet wird[320] und im öffentlichen Recht seine Begründung meist im Rechtsstaatsprinzip findet[321], wird im vorliegenden Zusammenhang als übergreifendes, die Rechtsordnung beherrschendes Rechtsprinzip relevant[322].

Da die privaten Absprachepartner nicht an das Rechtsstaatsprinzip und damit an den Grundsatz der Verhältnismäßigkeit gebunden sind, können sie gegenüber dem Staat aus dem Gesichtspunkt des Vertrauensschutzes nur solche Pflichten treffen, die ihnen auch gegenüber einem privaten Absprachepartner[323] obliegen würden. Zusätzlich sind diese Pflichten durch die staatliche Einflußnahme eingeschränkt. Hier gilt in Umkehrung des zum Verhältnis Staat - private Absprachepartner Gesagten, daß das schutzwürdige Vertrauen seitens des Staates desto stärker ist, je schwächer das eingesetzte staatliche Drohpotential war. Welche Ansprüche neben den oben bereits aufgeführten Informationsrechten der Staat aus dem Gedanken des Vertrauensschutzes herleiten kann, kann nicht pauschal beantwortet werden, sondern muß

---

319   Vgl. hierzu oben Kap. C III 3.
320   Vgl. hierzu aus der Rechtsprechung: BGHZ 60, 221 (224); BGH MDR 82, 462 (463);
       aus der Literatur: *Bahntje*, a.a.O. sowie *Canaris*, a.a.O.; in der zivilrechtlichen Literatur
       ist die Ableitung dieser gesetzlichen Sonderverbindung aus § 242 BGB umstritten -
       Nachweise hierfür bei *Bahntje*, a.a.O. -, jedoch kann dies für den vorliegenden
       Zusammenhang dahinstehen, da im Ergebnis die Vertrauenshaftung allgemein bejaht
       wird.
321   Vgl. hierzu oben Kap. D I 2 a cc; umfassend *Mainka*, Vertrauensschutz im öffentlichen
       Recht sowie für das schweizerische Recht *Weber-Dürler*, Vertrauensschutz im
       öffentlichen Recht.
322   Für den Grundsatz von Treu und Glauben vgl. nur *Kopp*, Verwaltungsverfahrens-
       gesetz, § 62, Rn. 6.
323   Hierzu unten Kap. D II.

im Einzelfall unter Berücksichtigung der Intensität der staatlichen Drohung entschieden werden.

II. Die Pflichten zwischen den beteiligten privaten Absprachepartnern

Wie bereits oben[324] festgestellt, bestehen im Rahmen des multipolaren Rechtsverhältnisses "normvertretende Absprache" Beziehungen nicht nur zwischen dem Staat und den privaten Absprachepartnern, sondern auch zwischen den privaten Beteiligten selbst. Es muß daher die Frage gestellt werden, ob auch zwischen den privaten Absprachepartnern, die sich auf der Ebene der Gleichordnung gegenüberstehen, derartige Vertrauensbeziehungen mit wechselseitigen Verpflichtungen bestehen. Wären die Absprachen zwischen den privaten Absprachepartnern zivilrechtlicher Natur, könnte als weitgehend gesichert angesehen werden, daß zwischen ihnen ein zwar nicht aus einem Rechtsgeschäft, aber aus dem sozialen Kontakt abzuleitendes Vertrauensverhältnis bestünde[325]. Dies hätte zur Folge, daß zwar keine normalen Vertragswirkungen angenommen werden könnten[326], jedoch aus der entstehenden Sonderverbindung in Verbindung mit § 242 BGB ein gesetzliches Schuldverhältnis abzuleiten wäre, das zu Schutz- und Sorgfaltspflichten in dem Umfang führen würde, wie die beteiligten Partner auf wechselseitige Sorgfalt vertrauen konnten[327].

Für das Verhältnis zwischen den privaten Absprachepartnern wäre es trotz ihres öffentlich-rechtlichen Charakters[328], ebenso wie für die Pflichten der privaten Absprachepartner gegenüber dem Staat[329], verfehlt, den Grundsatz des Vertrauensschutzes aus dem Rechtsstaatsprinzip abzuleiten, da das Verhältnis zwischen den

---

324 Vgl. oben Kap. C III 3.
325 Vgl. hierzu *Bahntje*, Gentlemen's Agreement, S. 179 ff., 186; umfassend *Canaris*, Die Vertrauenshaftung im deutschen Privatrecht.
326 Vgl. *Bahntje*, a.a.O.; ebenso *Münchener Kommentar - Kramer*, § 241, Rn. 39; jeweils m.w.N.
327 Vgl. *Bahntje*, a.a.O., S. 186 f.; *Münchener Kommentar - Kramer*, vor § 241, Rn. 34; *Schwerdtner*, NJW 1971, 1673 (1675); ähnlich auch *Fikentscher*, Wirtschaftsrecht Bd. II, § 7.
328 vgl. hierzu oben Kap. C IV 2 b.
329 Vgl. Kap. D II.

Absprachepartnern zwar dem öffentlichen Recht zuzurechnen ist, dies die privaten Unternehmen jedoch nicht zu Hoheitsträgern macht[330]. Vielmehr bietet es sich an, die Gedanken des Zivilrechts und damit den Grundsatz von Treu und Glauben, der auf der Ebene der Gleichordnung liegenden Rechtsverhältnissen besser gerecht wird, entsprechend heranzuziehen.

Auch zwischen den privaten Absprachepartnern können somit Schutz- und Fürsorgepflichten bestehen, deren Umfang zu klären ist. Hierbei ist zu berücksichtigen, daß bei den privaten Absprachepartnern regelmäßig erhebliche Vermögenswerte betroffen sein werden[331].

Grundsätzlich besteht zwischen gleichberechtigten Vertragspartnern wechselseitig eine allgemeine Redlichkeitserwartung. Redlichkeit bedeutet in diesem Zusammenhang nicht, daß sich die privaten Absprachepartner die Möglichkeit nehmen wollten, sich von der Absprache zu lösen. Vielmehr gehen diese auch untereinander davon aus, daß jeder Beteiligte jederzeit aus beliebigen ökonomischen oder politischen Gründen berechtigt ist, sich von der getroffenen Absprache zu lösen. Jedoch kann die allgemeine Redlichkeitserwartung zumindest dahingehend konkretisiert werden, daß als Ausdruck der allgemeinen Wahrheitspflicht die zur Realisierung der Absprachen notwendigen Informationen vollständig mitzuteilen sind. Darüber hinaus können die Partner auch darauf vertrauen, daß alle Absprachepartner die Absprache mit der Bereitschaft eingehen, diese auch zu erfüllen. Derjenige, der eine Absprache nur zur Zeitverzögerung und ohne die Bereitschaft, konstruktiv mitzuwirken, eingeht, begeht einen Vertrauensbruch sowohl gegenüber den staatlichen Instanzen wie auch gegenüber seinen privaten Absprachepartnern, mit der Folge, daß Schadensersatzverpflichtungen auf ihn zukommen können.

---

330   vgl. hierzu oben Kap. C III 3.

331   Ob die Vertrauenshaftung im nichtvermögensrelevanten Bereich zur Konstituierung eines Rechtsverhältnisses mit Schutz- und Fürsorgepflichten führen könnte, kann daher hier dahinstehen; zu dieser Frage z. B. *Canaris*, a.a.O.

III. Die "allgemeine Redlichkeitserwartung"

Der Gedanke des Vertrauensschutzes als übergreifendes, die Rechtsordnung bestimmendes Rechtsprinzip prägt das auf Vertrauen aufgebaute multipolare Rechtsverhältnis "normvertretende Absprache". Alle Beteiligten an Rechtsverhältnissen, die auf der Basis gegenseitigen Vertrauens aufgebaut sind, haben zumindest einen Anspruch auf wechselseitige Redlichkeit, wie sie oben bereits für das Verhältnis zwischen den privaten Absprachepartnern beschrieben wurde.

Die jederzeitige Möglichkeit zur Aufkündigung der Absprache infolge der Unverbindlichkeit der normvertretenden Absprachen ist Grundlage des multipolaren Rechtsverhältnisses. Daher kann das Gebrauchmachen von dieser Möglichkeit niemals unredlich im Sinne der "allgemeinen Redlichkeitserwartung" sein. Jedoch geht das wechselseitige Vertrauen zumindest so weit, daß jeder Absprachepartner, also auch der Staat, eine Mitteilung über das Ausscheiden aus der Absprache erwarten kann. Es wäre als grob vertrauensschädigend zu betrachten, wenn z. B. eine Firma, die offiziell Absprachepartner ist, eine wettbewerbsverändernde Absprache bewußt umgehen würde, um sich Marktvorteile zu verschaffen. Infolge eines solchen Verstoßes gegen die "allgemeine Redlichkeitserwartung" sind keine Erfüllungs-, wohl aber Schadensersatzansprüche denkbar. Investitionen, die im Vertrauen auf das Einhalten der Absprache getätigt wurden und infolge der gezielten Umgehung der Absprache sinnlos würden, wären in Geld zu entschädigen.

IV. Zusammenfassung

Zwischen den privaten und staatlichen Absprachepartnern entstehen Rechtsverhältnisse, die davon geprägt sind, daß sie keine Erfüllungsverpflichtung, wohl aber durch die Schaffung wechselseitiger Vertrauenstatbestände Sekundärverpflichtungen begründen können. Auf seiten des Staates kann der Einsatz von staatlichen Drohpotentialen den Staat zu schonenden Übergangsregelungen bei einer Loslösung von der Absprache verpflichten, für alle Beteiligten besteht zumindest die Pflicht zur ordnungsgemäßen Mitteilung der Auflösung der Absprache.

Alle Beteiligten sind darüber hinaus wechselseitig zu umfassender Information über die tatsächlichen Grundlagen, auf denen die normvertretende Absprache geschlossen wird, verpflichtet.

E. Die rechtlichen Grenzen normvertretender Absprachen

I. Die kartellrechtliche Genehmigungsbedürftigkeit

In den Teilen des kartellrechtlichen und des öffentlich-rechtlichen Schrifttums, die zumindest die zwischen den privaten Absprachepartnern vorliegenden Vereinbarungen dem Zivilrecht zuordnen, werden die normvertretenden Absprachen übereinstimmend an § 1 des Gesetzes gegen Wettbewerbsbeschränkungen (GWB) gemessen[332]. Nach dieser Ansicht kann die Beteiligung des Staates die Verletzung des Wettbewerbs nicht rechtfertigen[333]. Für die beteiligten Unternehmen bestehe kein rechtlicher Zwang zum Vertragsschluß, so daß man nicht von Zwangskartellen sprechen könne[334]. Um jedoch das unerwünschte Ergebnis einer generellen Unzulässigkeit normvertretender Absprachen zu vermeiden, wird von vielen Autoren versucht, den Tatbestand des § 1 GWB interpretatorisch einzuschränken oder die Tragweite des GWB durch eine Güterabwägung zu relativieren[335], während ein anderer Teil der Lehre nur eine Legalisierung nach § 8 GWB für möglich hält, was zu einem

---

332 Vgl. *Kloepfer*, UPR 1981, 41 (45); *ders.* JZ 1980, 781 (785); *ders.*, Umweltrecht, § 4, Rn. 262; *Biedenkopf*, BB 1966, 1113 ff.; *Börinkel*, WuW 1966, 933 (943); *Rieger*, Das Problem der Güterabwägung bei der Anwendung des Kartellverbotes, S. 200; *Schüssler*, NJW 1962, 2275 ff.; *Westrick/Loewenheim*, GWB, § 1, Rn. 91; *Müller-Henne berg/Schwartz/Benisch*, GWB, § 1, Rn. 111, 115; *Fikentscher*, Wirtschaftsrecht II, 223, 273; *v. Zezschwitz*, JA 1978, S. 497 (504); *Oldiges*, WiR 1973, 1 (14 ff.); *Werner*, Selbstbeschränkungsabkommen im Außenhandel, S. 270 ff.

333 So ausdrücklich *v. Zezschwitz*, JA 1978, 497 (504).

334 So ausdrücklich *Kloepfer*, JZ 1980, 781 (785).

335 Vgl. hierzu z.B. *Lieberknecht/Gnauk*, BB 1963, 1067 ff.; zum Güterabwägungsansatz *Hübner*, Außerkartellrechtliche Einschränkungen des Kartellverbots, S. 39 ff.; umfassende Nachweise bei *Baudenbacher*, JZ 1988, 689 (694).

rechtsstaatlich einwandfreien Verfahren führe[336]. Auch das Bundeswirtschaftsministerium scheint sich dieser Auffassung anzuschließen, da es mehrfach normvertretende Absprachen nach § 8 GWB genehmigt hat[337].

Die oben[338] genannten Autoren und das Bundeswirtschaftsministerium verkennen jedoch den öffentlich-rechtlichen Charakter der normvertretenden Absprachen. Normvertretende Absprachen sind eine Sonderform hoheitlicher Maßnahmen, die umfassend dem öffentlichen Recht zuzuordnen sind[339]. Daß aber hoheitliche Maßnahmen dem Gesetz gegen Wettbewerbsbeschränkungen nicht unterfallen, wird auch im kartellrechtlichen Schrifttum nicht geleugnet[340]. Normvertretende Absprachen ersetzen Normen, die dem öffentlichen Recht zugehören würden, und sind als staatliche Eingriffe in die unternehmerische Freiheit zu sehen, die nicht am Gesetz gegen Wettbewerbsbeschränkungen, sondern, wie noch im Verlaufe der Arbeit zu zeigen sein wird[341], an den Grundrechten zu messen sind[342]. Ein Genehmigungsbedürfnis nach dem GWB ist daher zu verneinen.

---

336 Vgl. *Westrick/Loewenheim*, a.a.O., § 1, Rn. 91; *Müller-Henneberg/Schwartz/ Benisch*, a.a.O., § 1, Rn. 115; *Kloepfer*, JZ 1980, 781 (785, 789); *Fikentscher*, a.a.O., S. 233, Anm. 283.

337 Vgl. die Genehmigung der Mineralölselbstbeschränkung, siehe oben Kap. B I Bsp. 2; des weiteren die Genehmigung des Selbstbeschränkungsabkommens der Zigarettenindustrie betreffend die Fernsehwerbung für Zigaretten (Verfügung vom 14. März 1972; WuW/E 143) und eines Selbstbeschränkungsabkommens der pharmazeutischen Industrie im Hinblick auf die Werbung mit Arzneimittelmustern (Verfügung vom 31. März 1981; WuW/E 175).

338 Vgl. Fußnote 332.

339 Vgl. hierzu umfassend oben Kap. C IV.

340 Vgl. hierzu nur *Immenga/Mestmäcker*, GWB, Rn. 21 vor § 1.

341 Hierzu unten Kap. E III 1 a.

342 So auch *Baudenbacher*, JZ 1988, 689 (694); *Bohne*, VerwArch 75 (1984), S. 343 (362); ähnlich auch *Scherer*, DÖV 1991, 1 (5), der auf das fehlende Wettbewerbsverhältnis zwischen den beteiligten staatlichen Stellen und dem jeweiligen Wirtschaftsverband abstellt.

II. Die analoge Anwendbarkeit des Verwaltungsverfahrensgesetzes

In der Literatur wird teilweise die direkte[343] oder analoge[344] Anwendung des Verwaltungsverfahrensgesetzes auf alle Formen von Absprachen vorgeschlagen.

Scherer[345] hält das Verwaltungsverfahrensgesetz für unmittelbar anwendbar, da das zum Abschluß der Absprache führende Verfahren und der Abschluß des Verfahrens selbst Verwaltungstätigkeit seien. Der Anwendungsbereich des Verwaltungsverfahrensgesetzes ist jedoch gemäß § 9 VwVfG ausdrücklich auf den Erlaß von Verwaltungsakten und den Abschluß öffentlichrechtlicher Verträge beschränkt. Wie gezeigt[346], handelt es sich bei normvertretenden Absprachen nicht um öffentlich-rechtliche Verträge, sondern um schlicht hoheitliches Handeln, so daß eine unmittelbare Anwendung des Verwaltungsverfahrensgesetzes ausscheidet.

Eine analoge Anwendung des Verwaltungsverfahrensgesetzes kommt ebenfalls nicht in Betracht. Analogien sind nur zulässig, wenn eine unbeabsichtigte Regelungslücke besteht und ein ähnlich gelagerter Sachverhalt zu behandeln ist. Dies ist vorliegend nicht der Fall. Es kann dahinstehen, ob sich die normvertretenden Absprachen in einer unbeabsichtigten gesetzlichen Regelungslücke befinden, da es an einem zum Verwaltungsverfahrensgesetz vergleichbaren Sachverhalt fehlt. Normvertretende Absprachen sind nach staatsrechtlichen und nicht nach verwaltungsrechtlichen Kategorien zu behandeln, eine analoge Anwendung des Verwaltungsverfahrensgesetzes kommt daher nicht in Betracht[347]. Sowohl für den Erlaß von parlamentsbeschlossenen Gesetzen wie auch für den Erlaß von Rechtsverordnungen bestimmt sich das Verfahren nicht nach dem Verwaltungsverfahrensgesetz, sondern nach den Vorgaben des Grundgesetzes. Dementsprechend können auch die Rechtssätze, die auf die diese Gesetze vertretenden Absprachen Anwendung finden, nur aus den allgemeinen, das Staatsrecht prägenden Grundsätzen abgeleitet werden.

---

343   Vgl. *Scherer*, DÖV 1991, 1 (4).

344   Vgl. *Bohne*, Der informale Rechtsstaat, S. 132 ff.

345   *Scherer*, a.a.O.

346   Vgl. Kap. C I 2 a.

347   Kritisch auch *Rengeling*, Kooperationsprinzip, S. 184 f.

III. Materielle Grenzen normvertretender Absprachen

Jedes staatliche Handeln findet seine Grenzen in dem durch die Verfassung vorgegebenen Rahmen; der Staat ist nicht berechtigt, diesen Rahmen zu überschreiten[348]. Die Grenzen staatlichen Handelns sind in zweierlei Hinsicht zu untersuchen. Im Verhältnis des Staates zu den privaten Absprachepartnern steht die Frage nach den Grenzen des einsetzbaren staatlichen Drohpotentials im Mittelpunkt. Darüber hinaus ist nach den Wirkungen der Absprache auf nicht an der Absprache Beteiligte zu fragen.

1. Das Verhältnis zwischen Staat und privaten Absprachepartnern

Wie bereits in den am Beginn der Arbeit dargestellten Beispielsfällen deutlich wird, hat der Staat verschiedene Möglichkeiten, die privaten Partner zur Vereinbarung einer Absprache zu bewegen. Er kann sowohl das Unterlassen einer Gesetzesinitiative wie auch die Bereitstellung von Subventionen in Aussicht stellen oder auch nur an die Hilfsbereitschaft der Unternehmen appellieren. Soweit er mit Gesetzesinitiative droht, sind wiederum verschiedene Konstellationen denkbar: er kann den Erlaß eines potentiell verfassungswidrigen Gesetzes ebenso in Aussicht stellen wie den Erlaß eines grundsätzlich verfassungsmäßigen, aber möglicherweise gegenüber der Absprache schärferen Gesetzes; er kann aber auch nur über die Duldung eines verfassungswidrigen Gesetzes verhandeln.

Als Normalfall stellt sich jedoch die Drohung mit einer an sich verfassungsmäßigen Gesetzesinitiative dar. Sie soll daher zunächst im Mittelpunkt der Erörterungen stehen. Ausgangspunkt ist, daß der Staat berechtigt und potentiell, wenn auch mit Schwierigkeiten bei der Durchsetzung belastet[349], in der Lage wäre, das gewünschte gesellschaftliche Verhalten durch Erlaß eines Gesetzes zu erreichen. Unter grundrechtlichem Blickwinkel würden derartige Gesetze in die Berufsausübungsfreiheit, in den eingerichteten und ausgeübten Gewerbebetrieb und in die

---

348   Vgl. oben Kap. C III 2 c dd.
349   Vgl. oben Kap. B III 2.

Wettbewerbsfreiheit eingreifen[350]. Zumindest die unternehmerische Betätigungsfreiheit, die auch Teil des durch Art. 12 Abs. 1 GG geschützten Freiheitsbereichs ist[351], wird durch jede der in den Beispielsfällen getroffenen Regelungen beeinträchtigt.

a) Die normvertretende Absprache als Grundrechtseingriff

Es fragt sich, ob die staatliche Drohung und die darauf folgende Absprache i.e.S. als Grundrechtseingriff zu sehen sind.

Während nach traditioneller Auffassung ein Grundrechtseingriff dann zu bejahen ist, wenn ein Ge oder Verbot den Bürger unmittelbar und zielgerichtet in seinen Grundrechten trifft[352], ist heute weitestgehend anerkannt, daß es neben diesen imperativen hoheitlichen Eingriffen in die Freiheitssphäre des Bürgers subtilere Formen staatlicher Einflußnahme gibt, die, obwohl sie nur mittelbar Grundrechte beeinträchtigen, in ihrer Wirkung nicht hinter imperativen Maßnahmen zurücktreten[353]. Es ist die Funktion der Grundrechte, den Bereich freier privater Initiative und Disposition vor jeglicher hoheitlichen Gewalt zu schützen, gleichgültig, wann und wie sie sich äußert. Der Grundrechtsschutz ist nicht auf einen bestimmten Eingriffstyp oder auf eine bestimmte Eingriffsvorstellung zugeschnitten[354]. Der Grundrechtsschutz entwickelt seine Kraft nicht abhängig von den Formen staatlichen Handelns,

---

350 Im vorliegenden Zusammenhang kann dahinstehen, ob die Wettbewerbsfreiheit durch Art. 2 Abs. 1 GG oder durch Art. 12 und 14 GG geschützt ist; vgl. hierzu umfassend *Scholz*, in: Maunz/Dürig, Grundgesetz, Art. 12, Rn. 79 f., 136 ff.; zum aktuellen Stand der Diskussion *Jarass/Pieroth*, Grundgesetz, Art. 12, Rn. 11, 14.

351 Vgl. hierzu nur BVerwGE 87, 37 (39); BVerfGE 32, 311 (317).

352 Vgl. BVerwGE 87, 37 (42); *Ossenbühl*, Umweltpflege durch behördliche Warnungen und Empfehlungen, S. 14; *Pieroth/Schlink*, Staatsrecht II, Rn. 271.

353 Vgl. BVerwGE 71, 183 (189 ff.) - sog. Transparenzlistenurteil; OVG Nordrhein-Westfalen, NJW 1986, 2783; BVerfGE 46, 120 (137); aus der Literatur *Lübbe=Wolff*, NJW 1987, 2705 (2709); *Baudenbacher*, JZ 1988, 689 (696); *v. Zezschwitz*, JA 1978, 497 (501); *Oldiges*, WiR 1973, S. 1 ff. ; grundlegend *Friauf*, DVBl. 1971, 674 ff.; *Lerche*, DÖV 1961, 486 (490); *Selmer*, Steuerinterventionismus und Verfassungsrecht, S. 214 ff.; *Gallwas*, Faktische Beeinträchtigungen im Bereich der Grundrechte; *Ramsauer*, Die faktischen Beeinträchtigungen des Eigentums.

354 So ausdrücklich *Ossenbühl*, Umweltpflege, S. 16.

sondern formunabhängig aufgrund des Umstandes, daß die Freiheitssphäre des Bürgers hoheitlich beschnitten wird[355]. Dementsprechend kann der Staat auch durch den Abschluß normvertretender Absprachen in Grundrechte des Bürgers eingreifen. Entscheidend sind die Wirkungen der staatlichen Einflußnahme in Verbindung mit der normvertretenden Absprache i.e.S. auf die grundrechtliche Freiheitssphäre des Bürgers.

aa) Eingriffswirkung ablehnende Stellungnahmen in der Literatur

Baudenbacher[356] und *Rengeling*[357] sprechen normvertretenden Absprachen grundrechtsbeschränkende Wirkungen ab, da es an einer nachteiligen rechtlichen Betroffenheit des jeweiligen Adressaten fehle. Bei der staatlichen Einflußnahme handele es sich um bloße Information über eine ohnehin bestehende Rechtslage, nämlich über die Möglichkeit des Gesetzgebers, ein für die privaten Absprachepartner ungünstiges Gesetz zu erlassen. Dies lasse sich nicht als Eingriff qualifizieren. Das Angebot, normvertretende Absprachen zu schließen, lasse dem einzelnen durchweg die Freiheit, die Initiative des Staates zu ignorieren. Die mögliche faktische Grundrechtsbeschränkung, die in der Beachtung der Vereinbarung durch die privaten Absprachepartner liegen könne, sei Folge der autonomen Entscheidung der privaten Absprachepartner[358]. Es handele sich bei dem Abschluß normvertretender Absprachen nicht um einen Freiheitsverzicht, sondern aufgrund der autonomen Entscheidungsmöglichkeiten der privaten Absprachepartner um einen Beitrag zur Freiheitsverwirklichung[359].

bb) Eigene Stellungnahme

Ausgangspunkt einer Überprüfung dieser Thesen muß die Frage nach der Grundrechtsrelevanz faktischen Staatshandelns sein. Während die grundsätzliche Mög-

---

355 Vgl. *Baudenbacher*, JZ 1988, 689 (696); *Ossenbühl*, Umweltpflege, S. 16.

256 *Baudenbacher*, JZ 1988, 689 (697).

357 *Rengeling*, Kooperationsprinzip, S. 176 unter Hinweis auf S. 86 f.

358 Vgl. *Baudenbacher*, JZ 1988, 689 (696).

359 Vgl. *Rengeling*, Kooperationsprinzip, S. 88 unter Hinweis auf *Kirchhof*, Verwalten durch mittelbares Einwirken, S. 208.

lichkeit der grundrechtsbeeinträchtigenden Wirkung faktischen Staatshandelns als weitgehend anerkannt betrachtet werden kann[360], steht die Frage, wann ein faktisches Staatshandeln grundrechtsbeeinträchtigend ist, weiterhin im Streit[361]. Während der Bundesgerichtshof Grundrechtsbeeinträchtigungen annimmt, wenn staatliches Handeln unmittelbar Auswirkungen auf Grundrechte hat[362], stellt das Bundesverwaltungsgericht im Hinblick auf Eingriffe in das Marktgeschehen[363], die für den vorliegenden Zusammenhang relevant sind, in seiner neueren Rechtsprechung auf die Finalität und Grundrechtsspezifität ab[364].

Soweit der Staat mit der Schaffung gesetzlicher Regelungen droht, will er regelmäßig die Unternehmen zu einer "freiwilligen" Selbstbeschränkung ihrer wirtschaftlichen Betätigungsfreiheit motivieren. Er wirkt, anders als etwa bei den staatlichen Warnungen und Empfehlungen, nicht nur auf Dritte ein, um mittelbar Wirtschaftslenkung zu betreiben, sondern er versucht, unmittelbar auf die wirtschaftliche Betätigung des einzelnen Unternehmens Einfluß zu gewinnen[365]. Das staatliche Handeln hat daher unmittelbare Auswirkungen auf die Grundrechte im

---

360 Vgl. hierzu die Nachweise oben Fn. 353.

361 so ausdrücklich BVerwGE 87, 37 (42); *Philipp*, Staatliche Verbraucherinformationen im Umwelt- und Gesundheitsrecht, Kapitel 3.

362 Vgl. nur die grundlegenden Entscheidungen BGHZ 28, 310 (313); 37, 44 (47); BGH NJW 1964, S. 104; dazu umfassend *Ossenbühl*, Staatshaftungsrecht.

363 Zu den faktischen Beeinträchtigungen anderer Grundrechte vgl. *Ossenbühl*, Umweltpflege durch behördliche Warnungen und Empfehlungen, S. 20 ff.

364 Vgl. BVerwGE 71, 183 (192 f.); hierzu *Ossenbühl*, Umweltpflege durch behördliche Warnungen und Empfehlungen, S. 26 f.; *Lübbe=Wolff*, NJW 1987, 2705 (2709); so wie das BVerwG auch OVG Münster, NJW 1986, 2783 f.; in seiner neueren Rechtsprechung hat das BVerwG allerdings, ohne seine Rechtsprechung zur Finalität ausdrücklich aufzugeben, auch solche Handlungen als grundrechtsbeeinträchtigend anerkannt, die als nicht bezweckte, aber voraussehbare und in Kauf genommene Nebenfolge eine schwerwiegende Beeinträchtigung der beruflichen Betätigungsfreiheit bewirken, vgl. hierzu BVerwGE 87, 37 (42).

365 Ob das Unternehmen dabei durch seinen Verband vertreten wird oder selber Absprachepartner wird, ist insoweit irrelevant, da der Verband nur Stellvertreterfunktion hat und nicht lediglich durch eigene Verhaltensveränderungen mittelbar bei seinen Unternehmen Veränderungen hervorrufen soll.

Sinne der Rechtsprechung des Bundesgerichtshofes. Auch wenn man das vom Bundesverwaltungsgericht verwandte Kriterium der Finalität betrachtet, kann kaum bezweifelt werden, daß der Zweck des staatlichen Handelns die Beschränkung grundrechtlicher Freiheit ist, es geht darum, das einzelne Unternehmen dazu zu bewegen, auf unternehmerische Betätigungsfreiheit, geschützt durch Art. 12 Abs. 1 GG[366], zu verzichten. Art. 12 Abs. 1 GG gewährt dem einzelnen das Recht, jede Tätigkeit, für die er sich geeignet glaubt, als Beruf zu ergreifen und zur Grundlage seiner Lebensführung zu machen. Er konkretisiert das Grundrecht auf freie Entfaltung der Persönlichkeit im Bereich der individuellen Leistung und Existenzerhaltung und zielt auf eine möglichst unreglementierte berufliche Betätigung ab[367]. Schutzgut des Art. 12 Abs. 1 GG ist auch die Erwerbszwecken dienende freie unternehmerische Betätigung. Das Verhalten des Unternehmers im Wettbewerb ist Bestandteil dieser unternehmerischen Betätigung[368].

Soweit in der Literatur staatlichen Einflußnahmen pauschal die Eingriffswirkung in den Schutzbereich der so definierten Berufsfreiheit abgesprochen wird[369], kann dem nicht gefolgt werden. Bei der angeblich reinen Information des privaten Absprachepartners, daß die öffentliche Hand möglicherweise von ihren Regelungskompetenzen auf dem entsprechenden Gebiet Gebrauch macht, handelt es sich in Wirklichkeit um Drohungen, die, verbunden mit Appellen und subventionsrechtlichen Anreizen, geeignet sind, erhebliche Zwangswirkungen auf den privaten Absprachepartner auszuüben. Der einzige Unterschied zwischen dieser Form der Verhaltenssteuerung und dem Erlaß eines Gesetzes ist, daß im Fall der Absprache eine formal volle, aber faktisch begrenzte Entschließungsfreiheit gegeben ist, die der hoheitliche Befehl gerade ausschalten will. Dies kann aber die generelle Leugnung der grundrechtsbeeinträchtigenden Wirkung nicht rechtfertigen[370]. Der Entscheidung des Bundesgerichtshofes über die Tuberkulose-Schutzimpfung[371] lag ein ähnlich

---

366   Siehe hierzu oben Fn. 335.

367   so ausdrücklich BVerwGE 87, 37 (39) unter Hinweis auf BVerfGE 75, 284 (292); sowie DVBl. 1990, 989 (990).

368   Vgl. BVerwGE 87, 37 (39).

369   Vgl. die oben Kap. E III 1 a aa zitierten Autoren.

370   So auch *Schwabe*, Probleme der Grundrechtsdogmatik, S. 180 f.

371   Vgl. BGHZ 24, 45 ff.

gelagerter Fall zugrunde. Es bestand keine gesetzlich statuierte Pflicht zur Impfung. Statt dessen versuchte das zuständige Ministerium, durch ein in besonders eindringlicher Weise formuliertes Merkblatt die Eltern zur Schutzimpfung ihrer Kinder zu veranlassen. Es war, wie der BGH formuliert, geeignet, die Eltern in eine schwere Gewissensnot zu versetzen, falls sie ihre Kinder nicht der als ungefährlich bezeichneten Impfung zuführten und sie der geschilderten Erkrankungsgefahr aussetzten[372]. Der BGH bezeichnete diesen Zwang als "Gewissenszwang"[373] und als "psychologisches Abfordern"[374] und setzte ihn dem Rechtszwang gleich.

Die staatlichen Einflußnahmen beim Abschluß normvertretender Absprachen haben sicherlich nicht in jedem der oben geschilderten Beispielsfälle die gleiche Zwangswirkung wie das dem BGH zur Beurteilung vorliegende Merkblatt besessen. Die Entscheidung macht aber deutlich, daß auch mittels Ankündigungen und Hinweisen ein psychischer Druck auf die privaten Absprachepartner ausgeübt werden kann, der sich imperativen Lenkungstechniken stark annähert[375]. Daß die privaten Absprachepartner dazu in der Lage sind, auf die Drohung zu reagieren und in Verhandlungen mit den staatlichen Stellen für sich günstigere Regelungen zu erreichen, kann nicht dazu führen, die Eingriffswirkung der staatlichen Drohung generell zu leugnen[376].

Oebbecke stellt zu Recht fest, daß die staatliche Mitwirkung an normvertretenden Absprachen hinsichtlich ihrer Finalität ohne weiteres der Polizeiverfügung vergleichbar ist; hier wie dort wird eine gezielte Einflußnahme auf das Verhalten einer natürlichen oder juristischen Person des Privatrechts intendiert[377]. Ziel der staatlichen Einflußnahme ist regelmäßig die Einschränkung der unternehmerischen Betätigungsfreiheit der privaten Absprachepartner oder der von ihnen repräsentierten Unternehmen und damit eine Einschränkung der durch Art. 12 Abs. 1 GG geschützten Freiheiten. Allerdings genügt diese Feststellung noch nicht, um die

---

372   BGHZ 24, 45 (46).
373   BGHZ 24, 45 (47).
374   BGHZ 31, 187 (191).
375   Vgl. *v. Zezschwitz*, JA 1978, 497 (502).
376   *Oebbecke*, DVBl. 1986, 793 (798).
377   So auch *Oldiges*, WiR 1973, 1 (23).

grundrechtsbeeinträchtigende Wirkung der staatlichen Einflußnahmen in allen Fällen bejahen zu können. Das Ziel, eine Beschränkung der Grundrechtsausübung auf seiten der privaten Absprachepartner zu erreichen, kann der Staat mit unterschiedlichen Formen der Einflußnahme zu erreichen versuchen. So kann er beispielsweise lediglich an das gesellschaftliche Verantwortungsbewußtsein appellieren, kann aber auch mit dem Erlaß gesetzlicher Regelungen drohen oder Subventionen in Aussicht stellen. Jede dieser Verhaltensweisen hat unterschiedliche Auswirkungen auf die grundrechtlich geschützte Freiheitssphäre des Privaten. Ein Appell an die unternehmerische Verantwortung kann in unterschiedlichen gesellschaftlichen Situationen völlig unterschiedlich wirken. Er kann wie das vom BGH zu beurteilende Merkblatt zur Tuberkuloseschutzimpfung eine so starke Zwangswirkung entwickeln, daß er unmittelbar den grundrechtlich geschützten Freiheitsbereich des privaten Unternehmens einschränkt, er kann aber auch als reine Belästigung empfunden werden, die man zur Kenntnis nimmt, ohne bereits in der Ausübung seiner Grundrechte beeinträchtigt zu sein.

Ob eine staatliche Einflußnahme grundrechtsbeeinträchtigende Wirkung hat, hängt daher zusätzlich zu der in allen Fällen gegebenen Finalität des staatlichen Handelns davon ab, ob die Einflußnahme mehr ist als eine Belästigung des privaten Absprachepartners[378]. Dabei soll nicht verkannt werden, daß die Entscheidung, ob lediglich eine Belästigung vorliegt oder erhebliche Zwangswirkungen von der Einflußnahme ausgehen, außerordentlich schwierig sein kann, sie muß aber für jeden Einzelfall getroffen werden. Soweit mehr als eine Belästigung festgestellt wird, liegt ein Grundrechtseingriff vor, der, um dem Gesetzesvorbehalt[379] zu genügen, entweder einer gesetzlichen Grundlage bedarf oder seine Rechtfertigung in einem anderen durch die Verfassung geschützten Rechtsgut findet[380].

---

378 So auch *Oebbecke*, DVBl. 1986, 793 (798); anders wohl z.B. *Friauf*, DVBl. 1971, 674 (681).

379 Zum Vorbehalt des Gesetzes vgl. grundlegend BVerfGE 40, 237 (248 f.); 47, 46 (78); *Stern*, Staatsrecht, Band 1, S. 802; *Kloepfer*, JZ 1984, 685 ff.

380 Vgl. zu der Rechtfertigung eines Grundrechtseingriffs durch grundgesetzlich gewährleistete Befugnisse des Staates BVerwGE 87, 37 (46 ff.).

Fraglich ist, ob gesetzliche Grundlagen für normvertretende Absprachen vorhanden sind. Für parlamentsgesetzersetzende Absprachen wäre dies nur der Fall, wenn die Gesetzgebungsorgane selbst Absprachepartner wären und die Absprachen im normalen Gesetzgebungsverfahren genehmigten oder aber im Vorfeld der Absprachen staatliche Stellen ermächtigten, entsprechende Absprachen zu schließen. Derartige Absprachen gibt es bis heute nicht.

Für rechtsverordnungsersetzende Absprachen könnte eine hinreichende Ermächtigungsgrundlage in der gesetzlichen Ermächtigung der beteiligten staatlichen Organe liegen, den durch die Absprache geregelten Lebenssachverhalt durch Rechtsverordnung zu regeln. Art. 80 Abs. 1 GG gilt jedoch dem Wortlaut und Sinne nach nur für Rechtsverordnungen und nicht für andere staatliche Handlungsformen[381]. Er erlaubt die Durchbrechung des Grundsatzes der Gewaltenteilung nur mittels der Rechtsverordnung. Die Ausnahmeregelung des Art. 80 GG ist nicht analogiefähig. Eine vom parlamentarischen Gesetzgeber erteilte Rechtsverordnungsermächtigung kann nicht als gesetzliche Grundlage für eine normvertretende Absprache dienen. Auch rechtsverordnungsersetzenden Absprachen fehlt es daher, soweit sie in Grundrechte des Bürgers eingreifen, an einer hinreichenden Ermächtigungsgrundlage.

Auch eine Legitimation durch ein anderes in der Verfassung geschütztes Rechtsgut scheidet aus. In der Entscheidung des Bundesverwaltungsgerichts über die Rechtmäßigkeit der Veröffentlichung einer Liste aller in Deutschland festgestellten mit Diethylenglykol kontaminierten Weine[382] hat das Gericht die Rechtfertigung der von ihm bejahten Beeinträchtigung von Art. 12 Abs. 1 GG in der ebenfalls grundgesetzlich gewährleisteten Befugnis der Regierung zur verantwortlichen Leitung des Ganzen der inneren und äußeren Politik gesehen[383]. Diese Befugnis umfasse auch das Recht der Regierung, einer krisenhaften Situation durch Information der Öffentlichkeit zu begegnen. Staatliche Einflußnahmen, um private Absprachepartner zum

---

381   Allgemeine Ansicht, vgl. nur Schmidt-Bleibtreu/Klein, Art. 80 Rdnr. 2.

382   BVerwGE 87, 37 ff.

383   BVerwGE 87, 37 (46 ff.); ebenso BVerwG, NJW 1989, 2272 und BVerwG NJW 1991, 1770; dazu z.B. *Schoch*, DVBl. 1991, 667; *Gröschner*, JZ 1991, 628.

Abschluß normvertretender Absprachen i.e.S. zu bewegen, können keine Legitimation in diesen Befugnissen der Regierung finden. *Ossenbühl*[384] verweist zu Recht darauf, daß eine solche verfassungsunmittelbare Legitimation grundrechtsbeeinträchtigender staatlicher Maßnahmen nur in Ausnahmefällen statthaft ist. Es war der Wille des Verfassungsgebers, der sich insbesondere in Art. 19 Abs. 1 GG manifestiert, die Einschränkung der Grundrechte nur im Wege des Gesetzes zu ermöglichen. Andere Einschränkungsmöglichkeiten müssen daher die Ausnahme bleiben. Ob die Befugnis zur politischen Leitung Grundrechtsbeeinträchtigungen überhaupt, wie vom Bundesverwaltungsgericht angenommen, legitimieren kann, kann hier unentschieden bleiben. Eine solche Legitimation muß jedenfalls beschränkt werden auf Fälle, in denen ein akuter Handlungsbedarf zur Gefahrenabwehr vorhanden ist. Normvertretende Absprachen werden im Regelfall nicht zur Abwehr akuter Gefahren, sondern zur längerfristigen Steuerung wirtschaftlicher Prozesse eingesetzt. Von ihnen ausgehende grundrechtsbeeinträchtigende Wirkungen sind daher nicht durch ein verfassungsrechtliches Recht der Regierung zur politischen Leitung legitimierbar.

b) Rechtfertigung der grundrechtsbeschränkenden Wirkung normvertretender Absprachen durch die Lehre vom Grundrechtsverzicht

Unabhängig davon, ob die staatliche Einflußnahme die Schwelle zum Grundrechtseingriff überschreitet oder lediglich eine Belästigung darstellt, hat die auf die Einflußnahme folgende normvertretende Absprache i.e.S. regelmäßig Grundrechtsbeschränkungen zum Gegenstand. Die privaten Absprachepartner verzichten auf Tätigkeiten, die Ausfluß ihrer grundrechtlich geschützten unternehmerischen Freiheit war. Daher ist zu fragen, ob normvertretende Absprachen wegen dieser grundrechtsbeschränkenden Wirkung der normvertretenden Absprache i.e.S. mit dem Verdikt der Verfassungswidrigkeit zu belegen sind, da sie nicht dem Gesetzesvorbehalt genügen.

---

384   *Ossenbühl*, ZHR 1991, 329 (336).

Eine gesetzliche Grundlage für grundrechtsrelevante normvertretende Absprachen könnte jedoch wegen des Grundsatzes "Volenti non fit iniuria"[385] nicht erforderlich sein. Hier könnte dieser Grundsatz in der Form des Grundrechtsverzichts zum tragen kommen[386].

Fraglich ist allerdings bereits, ob normvertretende Absprachen überhaupt mit Hilfe der Lehre vom Grundrechtsverzicht zu rechtfertigen sind. Es gehört zum Wesen der normvertretenden Absprachen, daß dem privaten Absprachepartner die Möglichkeit verbleibt, die freiwillig beschränkte Grundrechtsausübung nach einer entsprechenden Vorankündigung[387] wieder aufzunehmen. Es handelt sich seitens der privaten Absprachepartner somit lediglich um einen Grundrechtsausübungsverzicht und nicht um einen Grundrechtsverzicht[388]. Jedoch erscheint eine solche Differenzierung als zu vordergründig. Der Verzicht auf die Ausübung des Grundrechts ist zumindest dann dem Grundrechtsverzicht als solchem gleichzustellen, wenn die an die Wiederaufnahme der Grundrechtsausübung geknüpften Nachteile so stark sind, daß der Grundrechtsausübungsverzicht nur als scheinbar freiwillig gesehen werden kann[389].

aa) "Volenti non fit iniuria" bei Vorliegen staatlicher Grundrechtseingriffe ?

Der Grundsatz "volenti non fit iniuria" kann nur dann als Rechtfertigung einer staatlichen Grundrechtsbeeinträchtigung in Betracht kommen, wenn seitens des Bürgers noch eine echte Freiheit besteht, das Grundrecht auszuüben oder auf grundrechtlichen Schutz zu verzichten. Kennzeichen jedes Grundrechtsverzichts ist

---

385 Vgl. zu diesem auf das Römische Recht zurückzuführenden Rechtssatz nur *Bleckmann*, JZ 1988, 57 ff.; *Robbers*, JuS 1985, 925 ff.; *Sachs*, VerwArch 76 (1985), 398 ff.; umfassend *Amelung*, Die Einwilligung in die Beeinträchtigung eines Grundrechtsgutes.

386 So ausdrücklich *Oebbecke*, DVBl. 1986, 793 (799).

387 Vgl. hierzu oben Kap. D III.

388 Vgl. zum Grundrechtsausübungsverzicht *Robbers*, JuS 1985, 925; ebenso *Amelung*, Die Einwilligung, S. 79 ff., der von Grundrechtsverzicht nur bei endgültiger Aufgabe des Grundrechts sprechen will.

389 Vgl. auch hierzu *Robbers*, a.a.O.

nämlich die Freiwilligkeit[390]. Dementsprechend können normvertretende Absprachen, die aufgrund eines so intensiven staatlichen Druckes zustandekommen, daß den privaten Absprachepartnern keine Handlungsalternative verbleibt, nicht durch die Lehre vom Grundrechtsverzicht gerechtfertigt werden. Sie unterliegen vielmehr als echte Grundrechtseingriffe dem Gesetzesvorbehalt und sind ohne gesetzliche Ermächtigungsgrundlage als verfassungswidrig anzusehen. Ob der staatliche Druck die Grenze zum Grundrechtseingriff überschreitet, kann nur im Einzelfall entschieden werden. So können mehrere staatliche Einflußnahmen, die isoliert betrachtet lediglich als Belästigung zu werten wären, bei einer Gesamtbetrachtung die Freiwilligkeit des Handelns der Privaten so stark einschränken, daß die normvertretende Absprache i.e.S. nicht mehr als dem Gesetzesvorbehalt genügend betrachtet werden kann.

bb) "Volenti non fit iniuria" ohne Vorliegen staatlicher Grundrechtseingriffe?

Ob die in jeder normvertretenden Absprache i.e.S. liegende Grundrechtsbeeinträchtigung in den Fällen, in denen die staatliche Einflußnahme die Schwelle zum Grundrechtseingriff nicht überschreitet, durch den Grundrechtsausübungsverzicht auf seiten der privaten Absprachepartner gerechtfertigt werden kann, entscheidet sich anhand der Frage nach der Freiwilligkeit der getroffenen Absprache. Das bei der Beantwortung dieser Frage auftretende Problem liegt darin, daß zwischen Staat und Bürger ein offensichtliches Machtgefälle vorhanden ist[391], das immer Zweifel an der Freiwilligkeit privaten Handelns aufkommen läßt[392]. Bei normvertretenden Absprachen erscheint die Abgrenzung besonders schwierig, da einerseits eine staatliche Einflußnahme vorliegt, andererseits die privaten Absprachepartner aufgrund ihres Wissensvorsprungs[393] ebenfalls über eine gewisse Macht verfügen. Würde man mit *Amelung*[394] in der Freiwilligkeit die Kehrseite des Eingriffs sehen, müßte man die Freiwilligkeit immer dann bejahen, wenn seitens des Staates die Einflußnahme nicht

---

390   Vgl. hierzu *Amelung*, Die Einwilligung, S. 79 ff.
391   Vgl. hierzu *Forsthoff*, DVBl. 1957, 724 ff.
392   Vgl. hierzu nur *Schenke*, JuS 1977, 281 (286); *Stein*, AöR 86 (1961), 320 ff.; *Bellstedt*, DÖV 1961, 161 ff.
393   Vgl. hierzu oben Kap. B III 2 a.
394   *Amelung*, Die Einwilligung, S. 83.

so stark wäre, daß sie eingriffsgleiche Wirkung entfaltete. Es erscheint jedoch als problematisch, Freiwilligkeit mit dem Fehlen eines Grundrechtseingriffs gleichzusetzten. Die Freiwilligkeit privaten Handelns kann auch durch staatliche Einflußnahmen, die unterhalb der Schwelle eines Grundrechtseingriffs verbleiben, erheblich beeinträchtigt werden. Als Beispiel sei lediglich das Inaussichtstellen von Subventionen genannt. Normvertretende Absprachen i.e.S. sind dann ohne ausdrückliche gesetzliche Ermächtigung zulässig, wenn sie vom Staat nicht erzwungen werden. Dem Bürger müssen echte Entscheidungsalternativen verbleiben, zwischen denen er aufgrund freier Entscheidung wählen kann. Ob dies der Fall ist, kann nur durch Prüfung des konkreten Sachverhaltes im Einzelfall festgestellt werden.

Weder von einem Grundrechtseingriff noch von einem Grundrechtsausübungsverzicht kann allerdings gesprochen werden, wenn es im Tatsächlichen nicht zu der gewünschten Absprache kommt. Wenn sich Unternehmen den normvertretenden Absprachen entziehen, haben sie nicht auf ihre Grundrechte verzichtet und der Staat hat nicht in eben diese eingegriffen[395].

cc) Grenzen des Grundrechtsausübungsverzichts

Soweit es zu normvertretenden Absprachen i.e.S. kommt, muß zwischen Regelungen, die der Staat auch durch Gesetz hätte treffen können, und solchen, die einer gesetzlichen Regelung unzugänglich wären, unterschieden werden.

Soweit die normvertretende Absprache i.e.S. eine Regelung trifft, die der Staat auch durch eine gesetzliche Regelung hätte treffen können, verzichtet der Private nicht im eigentlichen Sinne auf die Ausübung seines Grundrechtes, sondern darauf, daß die Grundrechtsbeeinträchtigung auf einer gesetzlichen Grundlage erfolgt. Er verzichtet also eigentlich auf seinen Anspruch, nur durch Gesetz in seinen Grundrechten eingeschränkt zu werden. *Robbers*[396] sieht bereits in solchen Fällen den Satz "volenti non fit iniuria" nicht als hinreichend an, einen Grundrechtsausübungsverzicht zu legitimieren. Es gehe nicht nur um die individuelle Freiheit, sondern auch

---

395   So auch *Oebbecke*, DVBl. 1986, 793 (798).
396   JuS 1985, 925 (929).

um die Sicherung des politischen Primats des Parlaments. Der Gesetzesvorbehalt schütze nicht nur die Interessen des einzelnen, sondern habe auch eine demokratische Legitimationsfunktion.

Diese Argumentation kann die Zulässigkeit normvertretender Absprachen nicht in Frage stellen. Soweit es sich um rechtsverordnungsersetzende Absprachen handelt, hat das Parlament bereits durch die Ermächtigung zum Erlaß der Rechtsverordnung gemäß Art. 80 GG die Befugnis delegiert, Recht zu setzen. Wenn aber der Gesetzgeber die Exekutive ermächtigt hat, an seiner Stelle Recht zu setzen, ist das politische Primat des Gesetzgebers solange nicht beeinträchtigt, wie sich die Exekutive auch beim Abschluß normvertretender Absprachen die vom Gesetzgeber für Rechtsverordnungen gesetzten Grenzen beachtet[397]. Aber auch soweit parlamentsgesetzersetzende normvertretende Absprachen von Regierungsstellen geschlossen werden, verzichtet der Gesetzgeber nicht auf sein Gesetzgebungsrecht, die Regierung verzichtet nur vorläufig auf ihr Gesetzesinitiativrecht[398]. Das politische Primat des Parlaments wird durch den Grundrechtsausübungsverzicht der privaten Absprachepartner nicht beeinträchtigt.

Fraglich ist, ob der private Absprachepartner auch dann auf seine grundrechtliche Freiheit im Wege des Abschlusses einer normvertretenden Absprache verzichten kann, wenn dem Gesetzgeber eine entsprechende gesetzliche Regelung, z.B. wegen Verstoßes gegen das Übermaßverbot, verboten wäre. Ob der Private auch in einem solchen Fall auf die Ausübung seines Grundrechts verzichten kann, hängt entscheidend davon ab, ob man die Grundrechte als im Interesse des einzelnen erlassen und damit als für diesen disponibles Rechtsgut oder aber wegen ihrer objektivrechtlichen Bedeutung als negative Kompetenzbestimmungen gar nicht zur Disposition des einzelnen stehend betrachtet[399].

---

397 Allerdings bedeutet dies nicht, daß Art. 80 GG hinreichende Ermächtigungsgrundlage für rechtsverordnungsersetzende Absprachen sein könnte; hierzu näher oben Kap.E III 1 a bb.

398 Vgl. hierzu oben Kap. D I 2 a, cc (2) (b) (bb).

399 So *Müller/Pieroth*, Politische Freiheitsrechte der Rundfunkmitarbeiter, S. 35, mit Nachweisen; ähnlich auch die Begründung bei *Bussfeld*, DÖV 1976, 765 ff., der die Dispositionsbefugnis des einzelnen aufgrund des Gemeinwohlbezuges der Grundrechte für ausgeschlossen hält; ähnlich *Schimpf*, Der verwaltungsrechtliche Vertrag unter be-

Zur Beantwortung dieser Frage ist die Erkenntnis wichtig, daß nicht alle Grundrechte gleich weit der Dispositionsbefugnis des Grundrechtsinhabers geöffnet sind[400]. So ist der freiwillige Verzicht auf das Wahlgeheimnis (Art. 38 Abs. 1, Art. 28 Abs. 1 S. 2 GG) nicht möglich, da die Geheimhaltungsvorschriften nicht nur dem Schutz des einzelnen Wählers, sondern auch dem öffentlichen Interesse dienen[401]. Die Einwilligung in die Anwendung eines Lügendetektors vor Gericht ist nach h.M. unzulässig[402]. Auch hier folgt die Verfassungswidrigkeit aus dem Gedanken, daß Dritte, die keinen derartigen Test durchführen lassen wollen, sich gezwungen fühlen könnten, in die Durchführung des Testes einzuwilligen, um nicht als unglaubwürdig zu erscheinen[403]. Hingegen sind Art. 12 und 14 GG Grundrechte, über deren Ausübung der einzelne in besonders weitem Umfang disponieren kann[404]. Diese Grundrechte sind geradezu auf die, wenn auch stets partielle, Verfügung durch den einzelnen angelegt[405]. Die wirtschaftliche Betätigungsfreiheit schützt vor allen Dingen Freiheiten des einzelnen. Art. 12 und 14 GG sind aber die bei normvertretenden Absprachen besonders häufig relevanten Artikel, da typischerweise die wirtschaftliche Dispositionsfreiheit der privaten Absprachepartner durch die Absprachen beeinträchtigt wird. Aus diesen Gründen erscheint die Aussage *Oebbeckes* zutreffend, daß der Grundrechtsträger berechtigt ist, aus ihm überzeugend erscheinenden Gründen den Schutz seiner Grundrechte teilweise aufzugeben; und zwar auch dann, wenn dem Gesetzgeber ein entsprechender Eingriff

---

    sonderer Berücksichtigung seiner Rechtswidrigkeit, S. 214 ff.; *Blankennagel*, VerwArch 76 (1985), 279 ff.

400   Vgl. hierzu *Sachs*, VerwArch 76 (1985), 398 (424 f.); *Oebbecke*, DVBl. 1986, 793 (799); *Robbers*, JuS 1985, 925 (929 f.); vgl. auch die Rechtsprechung des BVerfG, NJW 1982, 375; BVerfGE 9, 194 (199); 22, 49 (81 f.); 65, 1 (41 ff.); zur Rechtsprechung der übrigen Gerichte vgl. nur die Zusammenfassung bei *Robbers*, JuS 1985, 925 (930 f.).

401   Vgl. OVG Münster, OVGE 14, 257 ff.; OVG Lüneburg, DÖV 1964, 355 f.

402   Vgl. BVerfG, NJW 1982, 375.

403   Vgl. *Robbers*, JuS 1985, 925 (930); sowie der umfangreiche Nachweis zu den verschiedenen Schranken bei *Sachs*, VerwArch 76 (1985), 398 (424 f.).

404   Vgl. *Sachs*, a.a.O.; *Oebbecke*, DVBl. 1986, 793 (799).

405   Vgl. *Menger*, in: Festschrift für Ernst, S. 315, der von vertragsnahen Grundrechten spricht.

durch das Übermaßverbot verwehrt wäre[406]. Es ist insoweit allein Sache des privaten Absprachepartners zu entscheiden, ob er sich in seiner Grundrechtsausübung weiter einschränkt, als es ihm der Gesetzgeber gebieten könnte, oder ob er gesetzliche Regelungen vorzieht.

dd) Zusammenfassung

Zusammenfassend kann daher festgehalten werden, daß normvertretende Absprachen im Regelfall grundrechtsbeeinträchtigende Wirkung haben. Dies bedeutet aber nicht, daß sie generell dem Gesetzesvorbehalt unterliegen. Dies ist vielmehr nur dann der Fall, wenn die staatlichen Einflußnahmen eine solche Intensität erreichen, daß dem privaten Partner keine andere Wahl bleibt, als die Absprache einzugehen. Soweit hingegen dem privaten Partner eine echte Entscheidungsfreiheit bleibt, ob er sich in seiner Grundrechtsausübung einschränkt oder nicht, wird der Gesetzesvorbehalt aufgrund des wirksamen Grundrechtsverzichts nicht aktiviert. Der private Absprachepartner kann auf seine Grundrechtsausübung sogar in stärkerem Maße verzichten, als der Staat im Wege des Gesetzes in die Grundrechte eingreifen könnte. Gerade wegen dieser weitergehenden Verzichtsmöglichkeit bieten sich Absprachen dann an, wenn bei den Beteiligten Unsicherheit über die Grenzen, die die Verfassung staatlichem Handeln setzt, besteht. Hier können langwierige Rechtsstreite durch Vereinbarungen vermieden werden.

c) Das einsetzbare staatliche Drohpotential

Zu anderen Ergebnissen führt die Frage nach dem, was der Staat als Verhandlungsposition einbringen darf. Hier dominiert die rechtsstaatliche Bindung, der Staat darf niemals mit dem Erlaß rechtswidriger Gesetze drohen[407]. Staatliches Handeln ist immer, wie oben gezeigt[408], rechtsstaatliches und damit gebundenes Handeln.

---

406   *Oebbecke*, DVBl. 1986, 793 (799); so auch *Sachs*, VerwArch 76 (1985), 398 (423); a.A.
      Becker, DÖV 1985, 1003 (1010), der allerdings, in sich widersprüchlich, die grundsätzliche Geltung des Satzes "volenti non fit iniuria" bejaht.
407   Zutreffend *Oebbecke*, DVBl. 1986, 793 (798).
408   Vgl. oben Kap. C III 2 c dd.

Während der Private weitgehende Dispositionsfreiheit besitzt, kann der Staat den verfassungsrechtlichen Bindungen nicht entfliehen. Besonders zu beachten sind in diesem Zusammenhang die sich aus dem Gleichheitssatz ergebenden Bindungen des Staates. Staatliches Handeln muß stets dem Gleichheitssatz des Art. 3 Abs. 1 GG genügen[409]. Der Gleichheitssatz verbietet dem Staat, die Entscheidung darüber, ob er jemandem Berechtigungen oder Leistungen gewährt, von unsachlichen Kriterien abhängig zu machen[410], sich also willkürlich zu verhalten. Dem Staat ist es daher verboten, mit Maßnahmen zu drohen oder Leistungen in Aussicht zu stellen, die in keinem sachlichen Zusammenhang mit dem erstrebten Ziel stehen.

Soweit der Staat durch eine Drohung mit dem Erlaß eines rechtswidrigen Gesetzes Private zum Abschluß von Absprachen bewegt, ist aufgrund des engen Zusammenhangs zwischen Drohung und Absprache[411] die gesamte Absprache als rechtswidrig anzusehen. An dieser Stelle entscheidet sich auch das Schicksal des rheinland-pfälzischen Altlastensanierungsmodells[412]. Soweit der Staat den Erlaß eines verfassungswidrigen Gebührengesetzes ins Auge fassen würde, könnte das Einverständnis der beteiligten privaten Absprachepartner das Gesetz nicht zu einem verfassungsmäßigen machen, die Verfassungswidrigkeit des staatlichen Handelns bliebe bestehen. Anders jedoch, wenn die privaten Partner ohne gesetzliche Grundlage derartige "Gebühren" bezahlen würden; sie sind berechtigt, auf ihre grundrechtliche Freiheitssphäre zu verzichten.

2. Der Grundrechtsschutz der Drittbetroffenen

Bei normvertretenden Absprachen stellt sich neben der Frage, ob und inwieweit in Grundrechte der privaten Absprachepartner selber eingegriffen wird, die Frage, ob die Absprachen in Grundrechte dritter, an der Absprache nicht beteiligter Personen eingreifen können. Beispielhaft sei die Zusage der Asbestzementhersteller genannt, den Asbestgehalt ihrer Produkte erheblich zu reduzieren. Diese Zusage könnte den

---

409   Vgl. *Lange*, VerwArch 82 (1991), 1 (17 f.).

410   Vgl. nur *Jarras/Pieroth*, Grundgesetz, Art. 3 Rn. 23; *Lange* a.a.O.

411   Vgl. hierzu oben Kap. C IV 2.

412   Vgl. hierzu oben Kap. B I Bsp. 16.

einzigen Importeur und Aufarbeiter des Asbestrohstoffes in der Bundesrepublik, der die Asbestzementhersteller beliefert, in seinen Grundrechten aus Art. 12 und 14 GG beeinträchtigen[413]. Jedoch wäre die Grundrechtsbeeinträchtigung unmittelbare Folge des privatrechtlichen Marktverhaltens der privaten Absprachepartner. Daher ist es nicht möglich, allein aufgrund der starken Verschlechterung der Wettbewerbssituation des Asbestimporteurs gegenüber den Herstellern asbestersetzender Stoffe und der Einschränkung seiner unternehmerischen Betätigungsfreiheit eine Grundrechtsverletzung anzunehmen[414]. Es muß zunächst der Nachweis erbracht werden, daß die potentielle Grundrechtsverletzung durch hoheitliches Handeln und nicht durch normale private wirtschaftliche Betätigung, die jedem Unternehmen unbenommen ist, erfolgt. Der Staat greift weder unmittelbar noch final in die unternehmerische Freiheit des Importeurs ein.

Hier bietet erneut die Lehre vom Rechtsverhältnis wesentliche Hilfestellung. Durch die unmittelbare Verknüpfung des Vollzuges der normvertretenden Absprachen mit den Absprachen selbst und damit auch mit der staatlichen Drohung, ist es möglich, das Marktverhalten der privaten Absprachepartner als durch den Staat veranlaßtes und damit an den Grundrechten zu messendes Verhalten zu sehen. Es liegt eine Situation vor, die den behördlichen Warnungen und Empfehlungen, die in den letzten Jahren Rechtsprechung und Literatur intensiv beschäftigt haben[415], sehr nahe kommt[416]. Der Unterschied besteht lediglich darin, daß der Staat nicht nur darauf hoffen kann, daß seine Autorität zur Veränderung des Marktverhaltens führt, sondern daß er aufgrund der Absprache eine hohe Vollzugswahrscheinlichkeit erreicht.

---

413   Siehe dazu BGH, Urt. v. 7.12.1967, NJW 1968, 293 f.
414   So aber *Oebbecke*, DVBl. 1986, 793 (797).
415   Vgl. aus der Rechtsprechung: BVerwGE 87, 37 ff.; LG Stuttgart, NJW 1989, 2257; OLG Stuttgart, NJW 1990, 2690; aus der Litaratur: *Ossenbühl*, Umweltpflege durch behördliche Warnungen und Empfehlungen; ders., ZHR 1991, 329 ff.; *Philipp*, Staatliche Verbraucherinformation im Umwelt- und Gesundheitsrecht; *Dolde*, Behördliche Warnungen vor nicht verkehrsfähigen Lebensmitteln; *Kloepfer*, Umweltrecht, § 4 II; *Schoch*, DVBl 1991, 667 ff.; *Gröschner*, JZ 1991, 628 ff.; jeweils m.w.N.
416   so ausdrücklich auch *Ossenbühl*, ZHR 1991, 329 (331).

Ob und wann Warnungen und Empfehlungen und damit auch normvertretende Absprachen im Hinblick auf Drittbetroffene als Grundrechtseingriffe zu qualifizieren sind, ist sowohl in der Rechtsprechung wie auch in der Literatur noch nicht abschließend geklärt[417]. Während das Bundesverwaltungsgericht in seiner Entscheidung zur Veröffentlichung von Transparenzlisten[418] noch auf die Finalität und Grundrechtsspezifität der Maßnahme abstellte, hat es in seiner Entscheidung zur Veröffentlichung einer Liste der Weine und anderer Erzeugnisse, in denen Diethylenglykol festgestellt worden war[419], anerkannt, daß mit staatlicher Autorität vorgenommene Handlungen, die als nicht bezweckte, aber voraussehbare und in Kauf genommene Nebenfolge eine schwerwiegende Beeinträchtigung der beruflichen Betätigungsfreiheit bewirken, Grundrechtsbeschränkungen auslösen können[420]. *Lübbe=Wolff* hingegen ist der Meinung, es seien die von der zivilrechtlichen Rechtsprechung entwickelten Grundsätze der "Verbraucheraufklärung durch private Organisationen" entsprechend heranzuziehen[421]. Dieser Streit kann vorliegend unentschieden bleiben, da die normvertretenden Absprachen nicht, wie von *Lübbe=Wolff* bei Warnungen und Empfehlungen unterstellt, ausschließlich dem Schutz des Wettbewerbs durch Vermittlung objektiver Informationen dienen, sondern bewußte Veränderungen der Wettbewerbssituation zum Zwecke des Schutzes anderer Allgemeingüter zum Gegenstand haben. Daher müssen die normvertretenden Absprachen, soweit sie die berufliche Betätigungsfreiheit nicht an der Absprache Beteiligter z.B. durch Vertriebsbeschränkungen beeinträchtigen, als Grundrechtsbeschränkung gesehen werden. Sie sollen den Absatz bestimmter Produkte verhindern oder mindern. Die beteiligten staatlichen Stellen nehmen die Folgen für Zulieferer und andere Dritte, selbst wenn sie sie nicht bezwecken, als sichere Folge der getroffenen Absprache sehenden Auges hin.

417　Vgl. neben der oben in Fußnote 415 aufgeführten Rechtsprechung und Literatur noch aus der Rechtsprechung BVerwGE 71, 183 ff.; OVG Münster, NJW 1986, 2783; aus der Literatur *Lübbe=Wolff*, NJW 1987, 2705 ff.; Kritik an BVerwGE 87, 37 ff. üben vor allen Dingen *Schoch*, DVBl. 1991, 667 ff.; und *Gröschner* JZ 1991, 628 ff.

418　BVerwGE 71, 183 (192 ff.).

419　BVerwGE 87, 37 (39 ff.).

420　so auch *Ossenbühl*, ZHR 1991, 329 (331).

421　Vgl. *Lübbe=Wolff*, NJW 1987, 2705 (2712); kritisch zur Rechtsprechung des BVerwG auch *Schulte*, DVBl. 1988, 512 (517).

Um die Eingriffswirkung bejahen zu können, müssen die Folgen für die betroffenen Dritten allerdings von einer gewissen Schwere sein, d.h. zu deutlichen Umsatzrückgängen bei den betreffenden Unternehmen führen[422].

Beeinträchtigte Grundrechte können vor allen Dingen Art. 12 und 14 GG sein. Infolge der normvertretenden Absprache i.e.S. verändern die beteiligten Unternehmen ihr wirtschaftliches Verhalten. So kaufen sie z. B. als Folge der Absprache über die Reduzierung von Asbestbestandteilen im Zement weniger Asbest ein. Diese durch die staatliche Einflußnahme erreichte Veränderung des ökonomischen Verhaltens der privaten Absprachepartner führt zu erheblichen Produktionseinschränkungen bei dem Asbestrohstoffhersteller und damit zu einer Einschränkung seiner durch Art. 12 Abs. 1 GG geschützten beruflichen Entfaltungsmöglichkeiten. Dies ist eine voraussehbare und zumindest in Kauf genommene Nebenfolge der normvertretenden Absprache und damit eine Beeinträchtigung von Art. 12 Abs. 1 GG[423].

Darüber hinaus kann auch Art. 14 GG beeinträchtigt sein. Der verfassungsrechtliche Schutz des Rechts am eingerichteten und ausgeübten Gewerbebetrieb durch Art. 14 GG ist, trotz der bisher fehlenden endgültigen Stellungnahme des Bundesverfassungsgerichts[424], in der Rechtsprechung des Bundesgerichtshofs und im Schrifttum allgemein anerkannt[425]. Jedoch greift der Eigentumsschutz dann nicht ein, wenn sich durch die hoheitlichen Maßnahmen lediglich bloße Erwerbsmöglichkeiten, Gewinnaussichten, Chancen oder Hoffnungen des Gewerbetreibenden zerschlagen[426]. Für den vorliegenden Zusammenhang kann jedoch festgehalten werden, daß das Marktverhalten der privaten Unternehmen, das zu Umsatzeinbrüchen bei den Drittbetroffenen führt, nicht normales Marktverhalten ist, sondern vielmehr ein

---

422 So auch *Schoch*, DVBl. 1991, 667 (670), m.w.N.; allgemein zu dem Ansatz *Scherzberg*, Grundrechtsschutz und Eingriffsintensität, S. 41 ff.

423 Vgl. zu den in Kauf genommenen Nebenfolgen BVerwGE 87, 37 (44).

424 Vgl. hierzu BVerfGE 51, 193 (221 f.).

425 Vgl. z.B. *Friauf/Wendt*, Eigentum am Unternehmen, 1977, S. 22 ff., ebenso *Ossenbühl*, Umweltpflege durch behördliche Warnungen und Empfehlungen, S. 43, mit umfangreichen Nachweisen.

426 So ausdrücklich *Ossenbühl*, a.a.O., S. 45.

Eingriff in die bestehende Produktion eines Unternehmens[427], die eine Bestandsgefährdung des Unternehmes nach sich ziehen kann. Im Fall des Asbestrohstoffherstellers würde in einer entsprechenden gesetzlichen Regelung zwar die Produktion von Asbest nicht verboten, statt dessen aber die Abnahme von Asbest zum Zwecke der Herstellung von Asbestzement. Dies könnte nichts daran ändern, daß ein Eingriff in den eingerichteten und ausgeübten Gewerbebetrieb des Asbestrohstoffherstellers bejaht werden müßte, wenn eigentlicher Zweck der Maßnahme die Reduzierung der Herstellung und Verbreitung von Asbest wäre. Auch die Eigentumsgarantie des Art. 14 GG kann im Hinblick auf Drittbetroffene daher durch den Abschluß normvertretender Absprachen beeinträchtigt werden.

Würde die normvertretende Absprache in der eigentlich vorgesehenen Gesetzesform als Rechtsverordnung oder parlamentsbeschlossenes Gesetz erlassen, käme niemand auf die Idee, an ihrer Grundrechtsrelevanz hinsichtlich Art. 12 und 14 zu zweifeln, da es sich im Ergebnis um ein Verbot eines bisher ausgeübten Betriebszweiges handeln würde. Allein dadurch, daß der Staat eine andere Handlungsform wählt, kann diese Grundrechtsrelevanz gegenüber den Drittbetroffenen sich jedoch nicht verändern. Entscheidend ist die Intensität der Grundrechtsbeeinträchtigung. Ist eine hinreichende Intensität gegeben, liegt ein Grundrechtseingriff vor, mit der Folge, daß es zu seiner Rechtfertigung einer gesetzlichen Ermächtigungsgrundlage bedarf[428].

Die Frage, ob ein Grundrechtsverzicht hier den Eingriff rechtfertigen könnte, stellt sich nicht, da die Drittbetroffenen als nicht an der Absprache Beteiligte sich nicht freiwillig ihres Grundrechtsschutzes begeben.

Es bleibt im Ergebnis festzuhalten, daß normvertretende Absprachen, die Grundrechte Dritter mit einer gewissen Intensität beeinträchtigen, grundsätzlich einer ge-

---

427 So auch *Ossenbühl*, a.a.O.

428 Eine Rechtfertigung der Grundrechtseingriffe durch die "politische Leitfunktion der Regierung", wie sie das Bundesverwaltungsgericht für Warnungen und Empfehlungen gesehen hat (BVerwGE 87, 37 (46 f.)), scheidet aus, da kein Eilbedürfnis zur akuten Gefahrbekämpfung gegeben ist; hierzu oben Kap. E III 1 a bb.

setzlichen Grundlage bedürfen. Lediglich normvertretende Absprachen, bei denen es nur zu zufälligen, im vorhinein kaum vorhersehbaren Grundrechtsbeeinträchtigungen Dritter kommt, bedürfen keiner gesetzlichen Grundlage. Es gibt keine staatliche Aktivität, die über die von ihr ausgehenden Kausalketten nicht an irgendeiner Stelle einen faktischen Verlust an Grundrechtseffektivität bewirkt[429]. Würde man die Grundrechtsbindung des Staates so umfassend verstehen, könnte der Staat nur noch in Form von Gesetzen handeln. Daher können die Grundrechte nur gegenüber vorhersehbar zu einer erheblichen Freiheitsbeeinträchtigung führendem staatlichen Handeln relevant werden[430]. Dies bedeutet zwar nicht, daß nicht im Einzelfall faktische unvorhersehbare Beeinträchtigungen eine derartige Intensität erreichen können, daß Entschädigungspflichten ausgelöst werden, besagt aber, daß das staatliche Handeln nicht schon allein deswegen als verfassungswidrig anzusehen ist, weil ihm die gesetzliche Grundlage fehlt.

Eine normvertretende Absprache greift in die Grundrechte nicht an den Absprachen beteiligter Dritter somit immer dann ein, wenn durch die Absprache nicht nur ein bestimmtes Marktverhalten der beteiligten privaten Absprachepartner erreicht werden soll, sondern darüber hinaus auch vorhersehbar ist und in Kauf genommen wird, daß die Absprache bei Dritten zu faktischen Grundrechtsbeeinträchtigungen von einer gewissen Schwere führt.

3. Die Grenzen der normvertretenden Absprachen unter dem Blickwinkel des Rechtsstaatsprinzips

a) Stellungnahmen in der Literatur

Rechtsstaatlichkeit und informales Staatshandeln stehen vordergründig betrachtet in einem unlösbaren Konfliktverhältnis. Während es als Errungenschaft des Rechtsstaates angesehen wird, daß das Handeln der öffentlichen Gewalt formgebunden ist, zeichnen sich die informalen normvertretenden Absprachen gerade dadurch

---

429 Vgl. hierzu umfassend *Wendt*, Die Gebühr als Lenkungsmittel, S. 132 f.

430 Vgl. *Wendt*, a.a.O., S. 135; ebenso *Friauf*, DVBl. 1971, 674 (681); die allerdings beide weitergehend final auf die Freiheitsbeeinträchtigung ausgerichtetes Handeln verlangen.

aus, daß sie sich nicht in die herkömmliche Formentypik einreihen lassen, sondern sich der "Halbwelt" der "Kollaboration" zwischen dem Staat und einzelnen gesellschaftlichen Gruppen annähern[431]. Im Schrifttum haben die normvertretenden Absprachen gerade auch im Hinblick auf das Rechtsstaatsprinzip unterschiedliche Bewertungen gefunden. *Becker*[432] rät dazu, die "Gesetzeslawine", die infolge der Überdehnung des Gesetzesvorbehaltes entstanden sei, auf dem Wege neuer Interpretationen des Rechtsstaatsprinzips in dem Sinne, daß es dem Prinzip der Deregulierung nicht entgegensteht[433], zu bekämpfen. *Ritter*[434] begrüßt das Zurücktreten des Rechts als gestaltender Macht angesichts informaler und judikativer Instrumente ausdrücklich. *Grüter*[435] hingegen belegt die meisten normvertretenden Absprachen unter dem Blickwinkel des Rechtsstaatsgebotes mit dem Verdikt der Verfassungswidrigkeit, da insbesondere gegen die Prinzipien der Rechtssicherheit, Vorhersehbarkeit und Berechenbarkeit staatlichen Handelns verstoßen werde. Normvertretende Absprachen verletzen nach *Grüter* diese Prinzipien, da die Verwaltung für die Anwendung informaler Instrumente zufällige, von der zu regelnden Materie unabhängige und von den Bürgern nicht zu kalkulierende Kriterien zugrunde lege. Das Instrument der normvertretenden Absprache lege plastisch Zeugnis ab von der schleichenden Ersetzung rechtsstaatlicher Normativität durch einen unberechenbar gewordenen Dezisionismus[436].

b) Eigene Stellungnahme

---

431   Vgl. hierzu das zwischen Ernst-Joachim Mestmäker und Wolfgang Kartte am 26. November 1984 im Rahmen der Ludwig-Erhard-Stiftung geführte Streitgespräch: "Freier oder selbstverwalteter Wettbewerb? - Ein Gespräch über Konflikte, über Wettbewerbspolitik und Mittelstandsschutz", veröffentlicht in: Standpunkte 1, insbesondere S. 9 f.

432   *Becker*, DÖV 1985, 1003 ff.

433   *Becker*, a.a.O., 1003 (1011).

434   *Ritter*, AöR 104 (1979), 389 (409 f.).

435   *Grüter*, Kooperationsprinzip, S. 120 ff.

436   So *Grüter*, a.a.O., S. 126 unter Bezugnahme auf *Huber*, in: Festschrift für Z. Giacometti, 1953, S. 81.

Um zu klären, ob normvertretende Absprachen tatsächlich pauschal als rechts-staatswidrig betrachtet werden können, muß zunächst der Inhalt des Rechts-staatsprinzips näher umschrieben werden.

Das Rechtsstaatsprinzip ist grundgesetzlich in Art. 20 Abs. 3 und 28 Abs. 1 S. 1 GG verankert[437]. Nach ganz herrschender Meinung bedeutet Rechtsstaatlichkeit, daß die Ausübung staatlicher Macht nur auf der Grundlage der Verfassung und der formell und materiell verfassungsmäßig erlassenen Gesetze mit dem Ziel der Ge-währleistung von Menschenwürde, Freiheit, Gerechtigkeit und Rechtssicherheit zu-lässig ist[438]. Damit diese Definition für die Anwendung im Einzelfall handhabbar wird, müssen jedoch die einzelnen Ausprägungen, die dieses Prinzip in der Verfassung gefunden hat, zum Maßstab einer Überprüfung der Rechtsstaatlichkeit staatlichen Handelns gemacht werden. Elemente eines so definierten Rechtsstaates sind die Verfassungsstaatlichkeit, der Schutz der Menschenwürde, Freiheitlichkeit und Rechtsgleichheit, die Rechtsgebundenheit, das Übermaßverbot, die Gewalten-teilung als Funktionszuordnung und die Gewaltenkontrolle sowie der gerichtliche Rechtsschutz und ein Entschädigungssystem[439].

Für den vorliegenden Zusammenhang steht die Frage nach der Rechtsgebundenheit staatlichen Handelns im Vordergrund, im Anschluß daran wird zu fragen sein, ob

---

437   Das BVerfG nennt normalerweise verschiedene Grundgesetzartikel, insbesondere Art. 20 Abs. 3, Art. 1 Abs. 3, 19 Abs. 4 und 28 Abs. 1 S. 1 GG, so- wie die Gesamtkonzeption des Grundgesetzes als Grundlage des Rechtsstaatsprinzips, vgl. BVerfGE 2, 380 (403); jedoch wird teilweise auch nur Art. 20 Abs. 3 GG genannt (BVerfGE 35, 41 (47)); in BVerfGE 63, 343 (353) werden Art. 20 Abs. 1 und Art. 28 Abs. 1 GG zitiert; in der Literatur werden häufig Art. 20 Abs. 1 und 28 Abs. 1 GG genannt; so *Stern*, Staatsrecht I, S. 779; *Herzog*, in: Maunz/Dürig, Grundgesetz, Art. 20 VII Rn. 34 f.; *v. Mangoldt/Klein*, Grundgesetz, Art. 20, Anm. IV; *Schmidt-Aßmann*, in: Isensee/Kirchhof, Handbuch des deutschen Staatsrechts, Bd. I, S. 989 bezieht sich nur auf Art. 20 Abs. 1 GG; dieser Streit kann jedoch für den vorliegenden Zusammenhang dahinstehen, da der Aussagegehalt des Rechtsstaatsprinzips hierdurch nicht verändert wird.

438   So die Formulierung bei *Stern*, Staatsrecht I, S. 781 mit umfangreichen Schrifttums nachweisen.

439   Vgl. hierzu die Zusammenfassung bei *Stern*, a.a.O., S. 784.

normvertretende Absprachen nicht gegen den Gewaltenteilungsgrundsatz verstoßen und welche Grenzen sich aus dem Bundesstaatsprinzip ergeben.

aa) Die Rechtsgebundenheit

Rechtsgebundenheit bedeutet Kampf gegen Willkür und Unrecht, das in ungleicher, parteiischer oder schrankenloser Übung der politischen Herrschaft liegt[440]. Der Vorrang und der Vorbehalt des Gesetzes sind Ausdruck der Rechtsgebundenheit staatlichen Handelns[441]. Notwendiger Bestandteil der Rechtsgebundenheit ist auch die Rechtssicherheit[442].

(1) Vorrang des Gesetzes

"Vorrang des Gesetzes" heißt, daß das parlamentarische Gesetz rechtlich allen Akten der Exekutive vorgeht, ohne Rücksicht auf die Form, den Zweck und die Bedeutung des einzelnen Verwaltungsvorganges[443].

Normvertretende Absprachen werden, wie die oben dargestellten Beispiele[444] zeigen, regelmäßig von Bundes- oder Landesregierungen oder einzelnen Bundes- oder Landesministern, also von Exekutivorganen, vereinbart. Dementsprechend dürfen die normvertretenden Absprachen niemals in Kollision mit geltendem Gesetzesrecht treten. Der Regierung ist es untersagt, in Kollaboration mit den privaten Partnern parlamentarisch beschlossene Regelungen durch normvertretende Absprachen zu unterlaufen. Dies bedeutet allerdings nicht, daß normvertretende Absprachen nicht dazu dienen können, über bestehende gesetzliche Regelungen hinauszugehen, sondern lediglich, daß sie nicht zu ihrer Verkehrung ins Gegenteil führen dürfen. Absprachen, die dem Zweck eines parlamentsbeschlossenen Gesetzes zuwi-

---

440   So *Scheuner*, Festschrift Deutscher Juristentag, Band 2, 1960, S. 229 (249 f.).

441   Vgl. dazu *Pietzcker*, JuS 1979, 710 ff.; *Gusy*, JuS 1983, 189 ff.

442   So ausdrücklich *Stern*, Staatsrecht I, S. 796; *Schmidt-Aßmann*, in: Isensee/Kirchhof, Handbuch des deutschen Staatsrechts, Bd. I, S. 1030 ff.

443   Vgl. hierzu *Schmidt-Aßmann*, a.a.O., S. 1019.

444   vgl. Kap. B I.

derlaufen, sind daher wegen des Vorranges dieses Gesetzes als rechtswidrig einzu-
stufen.

(2) Vorbehalt des Gesetzes

Von besonderem Interesse ist der aus dem Rechtsstaatsprinzip abgeleitete Vorbehalt des Gesetzes[445]. Normvertretende Absprachen haben fast immer Wirtschafts-
oder Umweltschutzthemen zum Gegenstand, die sicherlich zu den bedeutsamsten
unserer staatlichen Gemeinschaft gehören. *Grüter* ist daher der Auffassung[446], informales Staatshandeln und damit auch der Abschluß normvertretender Absprachen
sei wegen des Verstoßes gegen den Vorbehalt des Gesetzes im Regelfall verfassungswidrig, es bedürfe ausdrücklicher gesetzlicher Ermächtigungen.

Wann der rechtsstaatliche Vorbehalt des Gesetzes aktiviert wird, war in letzter
Zeit häufig Gegenstand wissenschaftlicher Untersuchung[447]. Es stellt sich die Frage,
in welchen Bereichen die Exekutive auch jenseits unmittelbarer Grundrechtseingriffe
für ihre Handlungen eine gesetzliche Grundlage benötigt. Dabei spielt im vorliegenden Zusammenhang die vom Bundesverfassungsgericht entwickelte sogenannte
"Wesentlichkeitstheorie" eine entscheidende Rolle[448]. Sie verknüpft den sogenannten Rechtssatzvorbehalt, also die Frage danach, ob staatliche Entscheidungen
durch Gesetz getroffen werden müssen, mit dem Parlamentsvorbehalt, also der
Frage nach der ausschließlichen Zuständigkeit des Parlaments zur Regelung eines

---

445 Zum aus den Grundrechten unmittelbar abgeleiteten Gesetzesvorbehalt bereits oben Kap.
E III 1 b und E III 2.

446 Kooperationsprinzip, S. 134.

447 Vgl. nur aus jüngerer Zeit: *Eberle*, DÖV 1984, 485 ff.; *Erichsen*, Schule und Parlamentsvorbehalt, in: Festschrift zum 125jährigen Bestehen der juristischen Studiengesellschaft
zu Berlin, S. 113 ff.; *Kloepfer*, JZ 1984, 685 ff.; *Rottmann*, EuGRZ 1985, 271 ff.; *Ossen-
bühl/Papier*, Der Vorbehalt des Gesetzes und seine Grenzen, in: Götz/Klein/Stark (Hrsg.),
Die öffentliche Verwaltung zwischen Gesetzgebung und richterlicher Kontrolle -
Göttinger Symposion, 1985, S. 9 ff., besonders S. 28 ff.

448 Vgl. aus der Rechtsprechung BVerfGE 34, 165 (192 f.); 40, 237 (248 f.); 45, 400 (417);
47, 46 (78 f.); 48, 210 (221); 49, 89 (126 f.); 58, 257 (268 f.).

bestimmten Sachverhaltes[449]. Dem parlamentarischen Gesetzgeber sollen die Entscheidungen vorbehalten sein, die wesentlich sind. Dabei sollen Entscheidungen dann wesentlich sein, wenn sie wesentlich für die Verwirklichung von Grundrechten sind[450].

Es besteht aber weitgehende Einigkeit, daß ein so verstandener Parlamentsvorbehalt nicht zu einem Totalvorbehalt für den parlamentarischen Gesetzgeber werden kann. Vielmehr kann der Parlamentsvorbehalt nur dort Geltung beanspruchen, wo Bereiche des staatlichen Lebens geregelt werden, die die wirklich grundlegenden und dauerhaften Bedingungen der Ordnung, Sicherheit und Wirksamkeit des Staates sowie des Daseins und der Entfaltungsmöglichkeiten seiner Bürger betreffen[451].

Ob und wann eine normvertretende Absprache insoweit "Wesentliches" regelt und damit dem Parlamentsvorbehalt unterfällt, kann nur im Einzelfall, entsprechend der geregelten Sachmaterie, beantwortet werden. Allein damit, daß es sich um Regelungen handelt, die bedeutsame Bereiche des staatlichen Lebens, meistens den Umweltschutz oder die Wirtschaftspolitik, betreffen, kann der Parlamentsvorbehalt nicht gerechtfertigt werden[452]. Auch in diesen Bereichen gibt es Regelungen, die nicht die Grundlagen unserer staatlichen Gemeinschaft betreffen. Die mögliche Grundrechtsrelevanz normvertretender Absprachen kann nicht zu einem Totalparlamentsvorbehalt führen. Würde der Parlamentsvorbehalt so weit gehen, daß immer dann, wenn ein Grundrecht auch nur beeinträchtigt werden könnte, eine ausschließliche Zuständigkeit des Parlaments angenommen werden müßte, wäre die gesamte Diskussion über den Grundsatz "volenti non fit iniuria" obsolet, da zwar die individuelle Grundrechtsbeeinträchtigung durch diesen Satz legitimierbar wäre, nicht aber die Beeinträchtigung des sich aus der Wesentlichkeitstheorie ergebenden

---

449   Wie das Verhältnis zwischen Parlamentsvorbehalt und Wesentlichkeitstheorie ist, ist bis heute nicht abschließend geklärt. Vgl. hierzu *Schmitt-Aßmann* in: Isensee/Kirchhof, Handbuch des deutschen Staatsrechts,Bd. I, S. 1020; kritisch *Kloepfer*, JZ 1984, 685 (689 ff.).

450   So ausdrücklich BVerfGE 49, 89 (126 f.).

451   So ausdrücklich mit Hinweisen auf die Rechtsprechung *Stern*, Staatsrecht I, S. 812; ebenso *Schmidt-Aßmann*, a.a.O., S. 1021.

452   So aber *Grüter*, Kooperationsprinzip, S. 134.

Parlamentsvorbehaltes. Auch hier verbieten sich daher pauschalierende Lösungsansätze. Es kann, wie auch bereits im Hinblick auf mögliche Grundrechtseingriffe festgestellt, nur im Einzelfall entschieden werden, ob ein Regelungsbereich aufgrund rechtsstaatlicher Gesichtspunkte dem Parlamentsvorbehalt unterfällt. Soweit der Parlamentsvorbehalt aktiviert wird, ist die Exekutive daran gehindert, ohne hinreichende gesetzliche Ermächtigung tätig zu werden. Normvertretende Absprachen kann sie daher in diesen Bereichen nicht vereinbaren. Um in den am Beginn dieser Arbeit dargestellten Beispielsfällen feststellen zu können, ob die normvertretende Absprache dem Parlamentsvorbehalt unterfällt, erscheint ein weiteres Abgrenzungskriterium von Relevanz, nämlich die Unterscheidung zwischen rechtsverordnungsersetzenden Absprachen und parlamentsgesetzersetzenden Absprachen. Im Falle der rechtsverordnungsersetzenden Absprachen hat der Gesetzgeber in der Rechtsverordnungsermächtigung die wesentlichen Entscheidungen bereits getroffen, indem er Inhalt, Zweck und Ausmaß der Ermächtigung bestimmt hat. Würde die Exekutive von ihrem Recht, eine Rechtsverordnung zu erlassen, Gebrauch machen, würde dies den Parlamentsvorbehalt nicht berühren. Beim Abschluß einer normvertretenden Absprache kann aber so lange nichts anderes gelten, wie sich die Absprache innerhalb der Rechtsverordnungsermächtigung für die Exekutive hält. Da die meisten der oben beschriebenen normvertretenden Absprachen rechtsverordnungsersetzende sind[453], haben die staatlichen Stellen beim Abschluß dieser Absprachen höchstens insoweit gegen den Parlamentsvorbehalt verstoßen, als sie die durch die Rechtsverordnungsermächtigung gesetzten Grenzen überschritten.

Fraglich ist, ob das Parlament befugt wäre, in den dem Parlamentsvorbehalt unterliegenden Bereichen normvertretende Absprachen zu schließen, oder ob in diesen Bereichen staatliches Handeln generell nur durch Gesetz erfolgen kann. Der Parlamentsvorbehalt hat die Funktion, die für die Verwirklichung von Grundrechten wesentlichen Entscheidungen dem demokratisch legitimierten Gesetzgeber zu über-

---

453 Eine Ausnahme bilden nur die Vereinbarungen der nordrhein-westfälischen Landesregierung mit der Braunkohle AG über die Schadensregulierung im Bergbau und mit den Elektrizitätswerken (Kap. B I Bsp. 11 und 12), die allerdings beide nicht wesentlich für die Verwirklichung von Grundrechten sind und daher ebenfalls nicht dem Parlamentsvorbehalt unterliegen.

lassen, der diese Entscheidungen in den von der Verfassung vorgegebenen Wegen zu treffen hat[454]. Die Einhaltung dieser in der Verfassung vorgesehenen Form- und Verfahrensvorschriften steht nicht zur Disposition des Gesetzgebers. Daher kann auch der Gesetzgeber in den dem Parlamentsvorbehalt unterliegenden Bereichen keine normvertretenden Absprachen vereinbaren.

Es ist insgesamt festzuhalten, daß in denjenigen Bereichen, die dem rechtsstaatlichen Gesetzesvorbehalt unterliegen, normvertretende Absprachen nicht zulässig sind.

(3) Die Rechtssicherheit

Eines der wesentlichen Elemente des Rechtsstaatsprinzips ist die Rechtssicherheit[455]. Rechtssicherheit bedeutet vor allen Dingen Verläßlichkeit der Rechtsordnung[456]. Es ist die spezifische Verpflichtung des Staates, so zu handeln, daß sein Verhalten für den Bürger berechenbar ist. Rechtssicherheit bedeutet jedoch nicht, daß der Staat Schutz vor allen Wechselfällen des Lebens gewähren muß[457].

Grüter[458] sieht in der Rechtsunbeständigkeit und damit in der Unsicherheit eines der wesentlichen Merkmale der normvertretenden Absprachen. Der Bürger sei nicht dazu in der Lage, über einen Raum rechtlich geformter und garantierter Freiheit zu verfügen, innerhalb dessen er vor staatlichen Eingriffen geschützt sei[459]. Wer sich auf Verhandlungslösungen einlasse, müsse ständig mit weiteren Forderungen des Staates - verbunden mit entsprechenden Drohungen für den Fall des Nichteinlenkens

---

454   vgl. nur *Badura*, Staatsrecht, Kap. F 1, 2.

455   Dies ist ständige Rechtsprechung des BVerfG, vgl. nur BVerfGE 60, 253 (268 f.) m.w.N.; aus der Literatur nur *Badura*, Staatsrecht, S. 209; *Schmidt-Aßmann*, in: Isensee/Kirchhof, Handbuch des deutschen Staatsrechts, Bd. I, S. 1030; *Stern*, Staatsrecht I, S. 831.

456   Vgl. *Herzog*, in: Maunz-Dürig, Grundgesetz, Art. 20 VII, Rn. 57.

457   So ausdrücklich *Schmidt-Aßmann*, a.a.O., S. 1030.

458   *Grüter*, Kooperationsprinzip, S. 123 ff.

459   Zu dieser Funktion der Rechtssicherheit vgl. *Stern*, Staatsrecht, Bd. I, S. 789 f.; *Hesse*, Grundzüge des Verfassungsrechts, S. 75 und 78.

- rechnen[460]. Dies werde noch durch die Tendenz zur Öffentlichkeitsscheu, die normvertretenden Absprachen innewohne, verstärkt.

Normvertretende Absprachen sind, wie oben[461] gezeigt, durch ihre Unverbindlichkeit gekennzeichnet. Jeder Absprachepartner ist berechtigt, sich, wenn auch möglicherweise mit gewissen Übergangsfristen[462], von der Absprache ohne Angabe eines Grundes zu lösen. Daher bieten normvertretende Absprachen den Absprachepartnern, aber auch sonstigen betroffenen Dritten, weniger Rechtssicherheit als ein Gesetz.

Dies führt jedoch aus zwei Gründen nicht - wie *Grüter* meint - automatisch zur Verfassungswidrigkeit aller normvertretenden Absprachen. Zum einen wird völlig übersehen, daß Rechtssicherheit kein Selbstzweck ist, sondern vielmehr den Schutz der Freiheitssphäre des einzelnen bezweckt. Dementsprechend muß aber auch dem einzelnen, wie bereits bei den Grundrechten diskutiert, eine gewisse Dispositionsfreiheit eingeräumt werden, auf die ihn schützende Rechtssicherheit verzichten zu können. Der Grundsatz "volenti non fit iniuria" muß auch hier, soweit den privaten Absprachepartnern echte Entscheidungsfreiheiten verbleiben, Geltung beanspruchen. Außerdem ist nicht nur das Gesetz dazu in der Lage, dem Grundsatz der Rechtssicherheit Rechnung zu tragen. Vielmehr ist in dieser Arbeit bereits gezeigt worden[463], daß der Forderung nach Rechtssicherheit auch dann Rechnung getragen werden kann, wenn die Entscheidungsfreiheit auf seiten des privaten Absprachepartners durch den Einsatz staatlicher Drohmittel reduziert, aber nicht völlig aufgehoben war. Insbesondere sei in diesem Zusammenhang auf die Verpflichtung des Staates zur Schaffung ausreichender Übergangsregelungen bei vorzeitiger Auflösung der Absprache hingewiesen[464].

---

460   *Grüter*, Kooperationsprinzip, S. 120.
461   Vgl. Kap. C I 2 a.
462   hierzu oben Kap. D III.
463   Vgl. oben Kap. D I 2 b.
464   Hierzu oben Kap. D I 2 a cc (2) (b).

Daher steht der Grundsatz der Rechtssicherheit dem Abschluß normvertretender Absprachen nur dann entgegen, wenn auf seiten der privaten Absprachepartner beim Abschluß der Absprache keine Entscheidungsfreiheit vorhanden war. Diese Absprachen sind auch aufgrund der fehlenden gesetzlichen Grundlage als verfassungswidrig anzusehen[465].

bb) Die Gewaltenteilung

Normvertretende Absprachen können den in Art. 20 Abs. 2 GG normierten Grundsatz der Gewaltenteilung im Verhältnis zwischen Parlament und Regierung beeinträchtigen. Normsetzung ist typischerweise Aufgabe des Parlaments, normvertretende Absprachen werden aber im Regelfall von der Regierung oder von Regierungsmitgliedern abgeschlossen. Es stellt sich daher die Frage nach der Aushöhlung gesetzgeberischer Zuständigkeiten und nach Mitwirkungsverpflichtungen seitens des Parlaments.

Zweck des Grundsatzes der Gewaltenteilung ist primär der Schutz der Freiheit des einzelnen; die Organe der Legislative, Exekutive und Judikative müssen sich dazu gegenseitig kontrollieren und begrenzen[466]. Der Grundsatz der Gewaltenteilung verpflichtet den Staat jedoch auch, staatliche Organisationsstrukturen zu schaffen, die nach ihrer Organisation, Zusammensetzung, Funktion und Verfahrensweise über die besten Voraussetzungen verfügen, um zu einer Entscheidung zu gelangen[467].

Oldiges[468] sieht die notwendige gegenseitige Kontrolle von Parlament und Regierung durch normvertretende Absprachen gestört. Er meint, die Exekutive übernehme mit solchen Abkommen Ordnungsfunktionen, die herkömmlicherweise Aufgaben des Gesetzgebers seien, wobei er allerdings gleichzeitig die Legitimation des Staates zu einer wirtschaftslenkenden Kooperation mit der Privatwirtschaft nicht

---

465   Hierzu oben Kap. E III 1 a bb und E III 1 b aa.

466   Vgl. nur BVerfGE 34, 52 (59); ständige Rechtsprechung seit BVerfGE 3, 225 (247).

467   Vgl. BVerfGE 68, 1 (86); so auch *Hesse*, Grundzüge des Verfassungsrechts, Rn. 475 ff.

468   *Oldiges*, WiR 1973, 1 (21 f.).

bestreitet[469]. *Oldiges* kommt zum Ergebnis, daß es nur schwer ein präzises und justitiables Kriterium geben werde, mit dessen Hilfe sich entscheiden ließe, wann der Abschluß von normvertretenden Absprachen das Parlament von seinen Funktionen als Gesetzgeber in einem solchen Maße ausschalten würde, daß von einem Verfassungsverstoß gesprochen werden müßte[470].

Dieser Aussage wäre sicherlich dann in vollem Umfange zuzustimmen, wenn das jeweils tätig werdende Exekutivorgan den privaten Absprachepartnern den Verzicht auf bestimmte parlamentarisch zu beschließende Gesetze verbindlich zusagen würde. Dies würde einen unmittelbaren Eingriff in den nur dem Gesetzgeber zustehenden Normsetzungsbereich bedeuten.

Von derartigen Zusicherungen kann jedoch im Regelfall nicht ausgegangen werden. Die meisten normvertretenden Absprachen sind rechtsverordnungsersetzende Absprachen. Indem der parlamentarische Gesetzgeber die Exekutive zum Erlaß von Rechtsverordnungen ermächtigt hat, hat er bereits seine Funktion delegiert, so daß von einer Aushöhlung seiner Kompetenzen nicht mehr gesprochen werden kann. Soweit allerdings normvertretende Absprachen über die Grenzen, die die Legislative der Exekutive gemäß Art. 80 GG gesetzt hat, hinausgehen oder parlamentsgesetzersetzende Absprachen getroffen werden, kann das zuständige Exekutivorgan nicht etwa zusagen, daß es ein entsprechendes Gesetz nicht geben werde, sondern nur, daß es von einem ihm zustehenden Gesetzesinitiativrecht solange keinen Gebrauch machen werde, wie die normvertretende Absprache Bestand hat. Dies ist kein in das Recht des Parlaments eingreifender Gesetzgebungsverzicht, sondern ein organkompetenzmäßig der Exekutive zustehendes und für sie frei disponibles Recht. Einen solchen Verzicht auf eine Gesetzesinitiative können alle Organe in Aussicht stellen, denen ein Gesetzesinitiativrecht zusteht.

Aber auch staatliche Stellen, denen formell kein Gesetzesinitiativrecht zusteht, die aber politische Initiativen in Richtung auf den Erlaß eines Gesetzes ergreifen können, können in normvertretenden Absprachen über das Recht, politisch aktiv zu

---

469   *Oldiges*, a.a.O., 1 (22).

470   Vgl. *Oldiges*, a.a.O., 1 (22) unter Hinweis auf *Ossenbühl*, VVDStRL 29 (1971), 161.

werden, disponieren. Normvertretende Absprachen können somit von allen staatlichen Stellen geschlossen werden, die ihre Mitwirkung an der Gesetzgebung von eigenen politischen Entscheidungen abhängig machen können, also einen politischen Entscheidungsspielraum besitzen[471]. Dies bedeutet, daß auch der Bundestag oder der Bundesrat bzw. einzelne Fraktionen des Bundestages normvertretende Absprachen schließen könnten. Dabei soll nicht verkannt werden, daß im Tatsächlichen bisher ausschließlich die Bundesregierung bzw. die entsprechenden Ressortminister beim Abschluß normvertretender Absprachen tätig geworden sind[472].

Diese sind auch im Sinne der zweiten Funktion des Gewaltenteilungsgrundsatzes, der Findung der richtigen Entscheidung durch Kompetenzzuordnung, als die geeigneten Organe zum Abschluß derartiger Absprachen anzusehen. Wie oben[473] gesehen, beruht der Erfolg der Absprachen auch auf der Überschaubarkeit des beteiligten Personenkreises. Eine verpflichtende Beteiligung des Parlaments an normvertretenden Absprachen würde den Kreis der Beteiligten so stark erweitern, daß der Abschluß normvertretender Absprachen stark erschwert werden könnte.

Normvertretende Absprachen stellen somit kein Problem der Gewaltenteilung dar[474]. Kompetenzen des Parlaments können nur durch verfassungswidriges Überschreiten der Zuständigkeitsgrenzen seitens der Exekutive beeinträchtigt werden. Ausschließliche Zuständigkeiten des Parlaments ergeben sich nur aus dem bereits oben[475] behandelten Parlamentsvorbehalt für die wesentlichen, die grundlegenden Bedingungen der Ordnung, Sicherheit und Wirksamkeit des Staates sowie des Daseins und der Entfaltungsmöglichkeiten seiner Bürger betreffenden Entscheidungen.

---

471   *Oebbecke*, DVBl. 1986, 793 (796).
472   So auch *Oebbecke*, DVBl. 1986, 793 (796).
473   Vgl. hierzu Kap. B IV 1.
474   So auch *Kloepfer*, Umweltrecht, § 4 Rn. 259.
475   Vgl. Kap. D III 3 b aa (2).

4. Die Grenzen normvertretender Absprachen unter dem Blickwinkel des Bundesstaatsprinzips

Die Kompetenzverteilung zwischen Bund und Ländern kann durch normvertretende Absprachen in zweierlei Hinsicht beeinträchtigt werden. Einerseits könnten die Bundesregierung oder einzelne Landesregierungen versuchen, Absprachen auf Rechtsgebieten zu vereinbaren, in denen dem Bund oder dem jeweiligen Land materiell keine Gesetzgebungskompetenz zusteht, andererseits, und dies erscheint als die wahrscheinlichere Problemstellung, könnten in den normvertretenden Absprachen Verfahrensregelungen getroffen werden, die die Verwaltungszuständigkeiten der Länder beeinträchtigen.

a) Die Gesetzgebungskompetenzen

Normvertretende Absprachen sind weder in der Verfassung noch in Gesetzen bisher geregelt. Daher könnte man Art. 30 GG heranziehen und die ausschließliche Zuständigkeit der Länder zum Abschluß normvertretender Absprachen zu begründen versuchen. Jedoch kann nur diejenige staatliche Stelle Verhandlungspartner für die privaten Absprachepartner sein, die die Möglichkeit hat, über die Ausnutzung ihr zustehender Kompetenzen zu verhandeln. Ländervereinbarungen über dem Bund gesetzgebungskompetenzmäßig zustehende Regelungsbereiche wären offensichtlich wenig aussichtsreich[476]. Daher erscheint es richtig, die Kompetenz zum Abschluß normvertretender Absprachen dort anzusiedeln, wo auch die Gesetzgebungszuständigkeit ressortiert. Es handelt sich hier um eine Zuständigkeit kraft Natur der Sache[477]. Ein Einbrechen des Bundes in Länderkompetenzen oder umgekehrt im Wege des Abschlusses normvertretender Absprachen ist ebensowenig zulässig wie bei Gesetzen. Die vom Grundgesetz errichteten Zuständigkeitsschranken sind zu beachten[478].

---

476 Vgl. auch *Oebbecke*, DVBl. 1986, 793 (795).

477 *Oebbecke* a.a.O., 793 (795) spricht von Annexkompetenz; zur Kompetenz kraft Natur der Sache auch BVerfGE 8, 104 (118 f.); 8, 143 (149 f.); aus der Literatur *Kölble*, DÖV 1963, 660 (669); *Achterberg*, DÖV 1966, 695 ff.; *Maunz*, in: Maunz/Dürig, Grundgesetz, Art. 70, Rn. 32.

478 So auch *Becker*, DÖV 1985, 1003 (1010); *Oebbecke*, DVBl. 1986, 793 (795).

Für den Bereich der konkurrierenden Gesetzgebung stellt sich darüber hinaus die Frage, ob der Abschluß einer normvertretenden Absprache eine Sperrwirkung für das Tätigwerden des Landesgesetzgebers entwickelt. *Oebbecke* verneint dies unter Hinweis darauf, daß der Bund durch seine Untätigkeitsankündigung nicht von seinem Gesetzgebungsrecht, sondern von einer damit verbundenen, mit ihm aber nicht identischen Zuständigkeit Gebrauch mache, so daß eine echte Konkurrenz von Bund und Ländern bestehen könne. Land und Bund könnten nebeneinander normvertretende Absprachen schließen[479]. Jedoch übersieht *Oebbecke* insoweit den im Hinblick auf die Verwaltungskompetenzen von ihm zutreffend beschriebenen Grundsatz des bundesfreundlichen Verhaltens. Es handelt sich dabei um einen ungeschriebenen Verfassungsgrundsatz[480], nach dem die verfassungsrechtliche Pflicht besteht, daß die Glieder des Bundes sowohl einander als auch dem größeren Ganzen und der Bund den Gliedern die Treue halten und Bund und Glieder sich verständigen. Alle an dem verfassungsrechtlichen Bündnis Beteiligten sind gehalten, dem Wesen dieses Bündnisses entsprechend zusammenzuwirken und zu seiner Festigung und zur Wahrung seiner und der wohlverstandenen Belange seiner Glieder beizutragen[481]. Dieser Grundsatz bedeutet auch Rücksichtnahme auf den anderen Partner[482]. Dementsprechend kann es durchaus die Pflicht eines Landes geben, den Willen des Bundes zu respektieren, gegenwärtig keine gesetzliche Regelung zu treffen, sondern vielmehr die Wirkung der normvertretenden Absprache zu testen. Eine nebeneinander bestehende Zuständigkeit von Bund und Ländern kann daher für den Bereich der konkurrierenden Gesetzgebungszuständigkeiten nur angenommen werden, wenn kein entgegenstehender Wille des Bundes festzustellen ist.

---

479   Vgl. *Oebbecke*, a.a.O., 793 (796).
480   Vgl. BVerfGE 12, 205 (254); 43, 291 (348).
481   So schon BVerfGE 1, 299 (315) unter Hinweis auf *Smend*, Ungeschriebenes Verfassungsrecht im monarchischen Bundesstaat, in: Festgabe für Otto Mayer, S. 247 (261).
482   So BVerfGE 3, 52 (57); 4, 115 (140); 31, 314 (355 f.); 32, 199 (218, 238).

b) Die Verwaltungskompetenzen

Grundsätzlich sind gem. Art. 83 GG die Länder berufen, die Gesetze auszuführen. Diese Verwaltungskompetenz kann der Bund nicht ohne weiteres usurpieren. Der Bund muß Rücksicht auf die Verwaltungszuständigkeit der Länder nehmen[483]. Dies bedeutet, daß er Regelungen der Überwachung und Durchführung von normvertretenden Absprachen den Ländern zu überlassen hat oder an die Zustimmung des Bundesrates gebunden ist. Anders als bei den materiellen Regelungen, die in normvertretenden Absprachen getroffen werden, verzichtet der Bund bei der Regelung von Überwachungs- und Durchführungsmaßnahmen nicht nur auf sein Gesetzesinitiativrecht. Überwachungs- und Kontrollfunktionen kann er nur aktiv wahrnehmen, also nicht nur auf Regelungen verzichtet. Lediglich soweit eine Überwachung der Durchführung der Absprache durch private Organisationen oder Einzelpersonen vorgesehen ist, könnte man mit guten Gründen wieder davon sprechen, daß der staatliche Absprachepartner nur auf sein Recht verzichtet, Überwachungsanordnungen zu treffen. Jedoch muß auch in diesem Zusammenhang die sich aus dem Grundsatz der Bundestreue ergebende Pflicht zu länderfreundlichem Verhalten berücksichtigt werden. Der Bund muß Rücksicht auf die grundgesetzliche Kompetenzverteilung nehmen. Er kann Überwachungs- und Durchführungsvereinbarungen, unabhängig davon, wie die Durchführung und Überwachung der Absprache im einzelnen organisiert wird, nur treffen, wenn die Voraussetzungen erfüllt sind, unter denen er auch zur Regelung des Verwaltungsverfahrens im Wege des Gesetzes oder der Rechtsverordnung ermächtigt wäre[484].

c) Die Zustimmung des Bundesrates

aa) Allgemeines

Soweit der Bund rechtsverordnungsersetzende oder parlamentsgesetzersetzende Absprachen auf Gebieten trifft, die, soweit sie als Rechtsverordnung oder Parlamentsgesetz beschlossen würden, der Zustimmung des Bundesrates bedürften, stellt

---

483   So auch *Oebbecke*, DVBl. 1986, 793 (796).

484   So im Ergebnis auch *Oebbecke*, DVBl. 1986, 793 (796).

sich die Frage, ob auch die normvertretende Absprache die Zustimmung des Bundesrates benötigt. *Bohne* lehnt eine derartige Zustimmungsbedürftigkeit ab, da Formalisierungen dem Absprachinstrument seine Flexibilität raubten und lediglich zu neuen informalen Vorabsprachen führten[485]. Dieses Argument ist jedoch ein vorwiegend politisches, da es sich nur an der Zweck- und nicht an der Rechtmäßigkeit orientiert. Notwendig ist eine Untersuchung des grundsätzlichen Kompetenzverhältnisses zwischen Bundesregierung und Bundesrat, um hieraus Rückschlüsse auf die Situation bei normvertretenden Absprachen ziehen zu können[486].

Zunächst ist festzuhalten, daß im Grundgesetz keine ausdrückliche Zustimmungsbedürftigkeit für normvertretende Absprachen geregelt sein kann. Daraus könnte man schließen, daß es auch kein Zustimmungsrecht geben kann, falls die Zustimmungsrechte des Bundesrates enumerativ im Grundgesetz aufgezählt wären[487]. Jedoch hat das Bundesverfassungsgericht immer wieder betont, daß das Enumerationsprinzip nicht so verstanden werden könne, daß nur und abschließend in den im Grundgesetz geregelten Fällen eine Zustimmungsbedürftigkeit bestehen könne, vielmehr sei diese auch dann gegeben, wenn ansonsten ein Zustimmungsrecht ausgehöhlt werden könnte[488]. So hat es formuliert, daß es von der Natur der Sache her widersinnig wäre und zu einer von der Verfassung nicht gewollten Verkürzung der Mitwirkung des Bundesrates an der Rechtsetzung führen würde, wenn das Erfordernis der Zustimmung zu Rechtsverordnungen durch ein späteres einfaches Bundesgesetz ohne Zustimmung des Bundesrates beseitigt werden könnte[489].

Dies bedeutet, daß immer dann eine Zustimmungsbedürftigkeit für staatliches Handeln gegeben ist, wenn der Wille des Verfassungsgebers dahin ging, den materiellen Regelungsbereich zu einem zustimmungsbedürftigen zu machen. Nur so kann

---

485   Vgl. *Bohne*, VerwArch 75 (1984), 343 (364).

486   Vgl. zum gesamten Komplex des Verhältnisses zwischen Bundesregierung und Bundesrat z.B. *Herzog*, in: Isensee/Kirchhof, Handbuch des deutschen Staatsrechts, Bd. II, S. 496; *Ossenbühl*, AÖR 99 (1974), 369 (394 f.); *Bettermann*, Legislative ohne Posttarifhoheit, S. 20 ff.; *Stern*, Staatsrecht, Bd. 2, § 27 IV, S. 147 f.

487   So wohl z.B. *Ossenbühl*, a.a.O.

488   Vgl. BVerfGE 26, 338 ff.; 28, 66 (77).

489   Vgl. BVerfGE 28, 66 (77).

dem Zweck der Zustimmungsrechte, die insbesondere im Bereich von Art. 84 und 85 GG dem Schutz der Eigenständigkeit der Länder bei der Ausführung von Bundesgesetzen dienen[490], und der Rechtsstellung des Bundesrates als mitgestaltenden Organs Rechnung getragen werden[491].

bb) Parlamentsgesetzersetzende Absprachen

Normvertretende Absprachen können parlamentarisch zu beschließende Gesetze in Regelungsbereichen ersetzen, die der Verfassungsgeber zu zustimmungsbedürftigen machen wollte. Dennoch bedürfen normvertretende Absprachen in diesen Bereichen nicht der Zustimmung des Bundesrates. Wie oben dargelegt[492], verzichtet der staatliche Absprachepartner, soweit formelle Gesetze im Raume stehen, nur auf sein Gesetzesinitiativrecht. Dieser Verzicht bedarf weder der Zustimmung des Parlaments noch des Bundesrates. Die Kompetenzen des Bundesrates werden nicht beeinträchtigt. Ihm verbleibt sein Gesetzesinitiativrecht. Einen darüberhinausgehenden Anspruch auf eine Gesetzesinitiative des staatlichen Absprachepartners besitzt er nicht. Gleiches würde für eine vom Bundestag getroffene Absprache gelten, da dem Bundesrat auch insoweit das Gesetzesinitiativrecht verbliebe. Unzulässig wären nur normvertretende Absprachen, die von der Bundesregierung und/oder dem Parlament nur zu dem Zweck geschlossen würden, das Erfordernis der Zustimmung des Bundesrates zu umgehen, da hier der Verstoß gegen die Kompetenzordnung intendiert wäre.

cc) Rechtsverordnungsersetzende Absprachen

Normvertretende Absprachen können zustimmungspflichtige Rechtsverordnungen ersetzen. Würde man hier die Zustimmungsbedürftigkeit der normvertretenden Absprachen leugnen, würde dies die Einflußmöglichkeiten des Bundesrates in einem Regelungsbereich, in dem der Wille des Verfassungs- bzw. Gesetzgebers dahin ging,

---

490   Vgl. BVerfGE 26, 338 (399); *Ossenbühl*, AöR 99 (1974), 369 ff.

491   Zu dieser Funktion, die sich bereits aus Art. 77 Abs. 2 GG ableiten läßt, umfassend *Ossenbühl*, a.a.O., 369 (394).

492   Vgl. Kap. E III 3 b bb.

die Bundesregierung an die Zustimmung des Bundesrates zu binden, drastisch beschneiden. Die Bundesregierung könnte mit dem Mittel der normvertretenden Absprache die Mitwirkungsrechte des Bundesrates aushöhlen. Der Bundesrat könnte von sich aus den Erlaß einer Rechtsverordnung nicht durchsetzen, da ihm - anders als bei parlamentsbeschlossenen Gesetzen - kein eigenes Initiativrecht zusteht. Daher ist die Zustimmung des Bundesrates zu einer rechtsverordnungsersetzenden normvertretenden Absprache immer dann erforderlich, wenn auch die entsprechende Rechtsverordnung zustimmungspflichtig wäre.

Dem Erfordernis der Zustimmung des Bundesrates könnte Genüge getan werden, indem der Bundesrat nicht den einzelnen Regelungen der normvertretenden Absprache zustimmen würde, sondern vielmehr im vorhinein die Bundesregierung ermächtigte, im Wege der normvertretenden Absprache den Regelungskomplex in einer bestimmten Art und Weise zu regeln. So erschiene es möglich, die Effektivität normvertretender Absprachen zu sichern, ohne die verfassungsrechtlich gebotene Mitwirkung des Bundesrates zu umgehen.

5. Das Verhältnis der normvertretenden Absprachen zum Recht der Europäischen Gemeinschaft

Umstritten ist die Frage, ob und inwieweit normvertretende Absprachen zur Umsetzung einer Richtlinie nach dem EWG-Vertrag geeignet sind[493].

Das Problem der normvertretenden Absprachen liegt insoweit in ihrer rechtlichen Unverbindlichkeit. Sie gestalten nicht das nationale Recht, sondern begründen nur eine tatsächliche Praxis[494]. Dementsprechend ist die Frage zu stellen, ob das EG-Recht zwingend die normative Umsetzung der Richtlinien fordert oder ob auch normvertretende Absprachen ein zulässiges Umsetzungsmittel sind. Einschlägige Norm ist Art. 189 Abs. 3 EWG-Vertrag. Hiernach sind die Richtlinien hinsichtlich

---

493 Vgl. hierzu verneinend *Bohne*, VerwArch 75 (1984), 343 (362); differenzierend *Oebbecke*, DVBl. 1986, 793 (797); *Becker*, DÖV 1985, 1003 (1006), fordert, politisch a uch hier dem Prinzip der Deregulierung Folge zu leisten.

494 So auch *Bohne*, VerwArch 75 (1984), 343 (362).

des zu erreichenden Zieles für die Mitgliedsstaaten verbindlich, den innerstaatlichen Stellen ist jedoch die Wahl der Umsetzungsform überlassen.

Bohne[495] verneint die Zulässigkeit der Umsetzung von EG-Richtlinien durch normvertretende Absprachen grundsätzlich, da die Begründung einer tatsächlichen Praxis nicht zur Umsetzung einer EG-Richtlinie in nationales Recht ausreiche. Hingegen ist *Becker*[496] der Ansicht, die Umsetzung durch normvertretende Absprachen sei zumindest nicht verboten. Eine vermittelnde Meinung vertritt *Oebbecke*[497], der normvertretende Absprachen dann für mit Art. 189 Abs. 3 EWG-Vertrag vereinbar hält, wenn die Richtlinie nur einen tatsächlichen Erfolg bezwecke, nicht aber auf die Vereinheitlichung der staatlichen Rechtslage abziele. Als Beispiel für einen derartigen nur tatsächlich gewünschten Erfolg benennt er die Mineralölbevorratungspflicht, die durch Abkommen mit der Mineralölwirtschaft erfüllt wurde.

Der Wortlaut des Art. 189 Abs. 3 EWG-Vertrag gibt keinen Anhaltspunkt für die strikte Auffassung von *Bohne*. Es scheint den Mitgliedsländern freigestellt zu sein, welche Umsetzungsform sie wählen. Daher müßte auch die normvertretende Absprache ein zulässiges Mittel sein. Jedoch hat der Europäische Gerichtshof in ständiger Rechtsprechung aus der Umsetzungsverpflichtung die Verpflichtung der Mitgliedsstaaten abgeleitet, die Richtlinien so durchzuführen, daß den Erfordernissen der Eindeutigkeit und Bestimmtheit des Rechtszustandes Rechnung getragen werde. Jedem Betroffenen müsse es durch die innerstaatliche Rechtsetzung ermöglicht werden, seine Rechte geltend zu machen[498]. Dies sei im Interesse der in den anderen Mitgliedsstaaten ansässigen Wirtschaftsteilnehmer notwendig. Eine Verwaltungspraxis reiche zur Umsetzung einer Richtlinie nicht aus, da diese beliebig änderbar und nur unzureichend bekannt sei[499].

---

495   *Bohne*, VerwArch 75 (1984), 343 (362).

496   *Becker*, DÖV 1985, 1003 (1007).

497   *Oebbecke*, DVBl. 1986, 793 (797).

498   So ausdrücklich EuGH, Urt. vom 30. Mai 1991, EWS 1991, 313 f.; zu diesem Urteil vgl. z.B. *Vedder*, EWS 1991, 293 ff; *Everling*, RIW 1992, 379 ff., m.w.N.

499   Vgl. EuGH, Rspr. GH 1980, S. 1479; RSpr. GH 1982, S. 1791; ebenso EuGH EWS 1991, 313; dazu *Bleckmann*, Europarecht, S. 73 f.; *Vedder*, EWS 1991, 293 ff; *Everling*, RIW 1992, 379 ff.

Die neuere Rechtsprechung des Europäischen Gerichtshofs[500] hat bei näherem Hinsehen aus dem Gebot der Rechtssicherheit zwei Erfordernisse entwickelt, die an die Umsetzung von Richtlinien in nationales Recht zu stellen sind[501]:

- das Gebot der Publizität: die Betroffenen müssen von ihren Rechten und Pflichten Kenntnis erlangen können;

- die Betroffenen, insbesondere betroffene Dritte[502], müssen sich vor Gericht auf die nationale Regelung berufen können: die nationale Regelung muß eine "zwingende Vorschrift" sein, also Rechtsnorm-Charakter besitzen.

Normvertretende Absprachen können zwar dem Gebot der Publizität durchaus genügen[503], sind jedoch nie zwingende Vorschriften, auf die sich Betroffene vor Gericht berufen könnten. Normvertretende Absprachen sind daher nach der gefestigten Rechtsprechung des Europäischen Gerichtshofes nicht geeignet, Richtlinien der Europäischen Gemeinschaft in nationales Recht umzusetzen[504].

Gegen diese ständige Rechtsprechung ist einzuwenden, daß die vom Europäischen Gerichtshof aufgestellte These, Richtlinien der Europäischen Gemeinschaft könnten nur durch nationale Rechtsnormen umgesetzt werden, jeglicher Stütze in Art. 189 Abs. 3 EWG-Vertrag ermangelt. Es ist auch nicht erklärbar, warum bei der Umsetzung von Richtlinien der Europäischen Gemeinschaft höhere Anforderungen an die Rechtssicherheit gestellt werden, als sie die nationale Rechtsordnung selber kennt. Entscheidend kann nur sein, daß die von den Richtlinien vorgegebenen Ziele in den einzelnen EG-Staaten umgesetzt werden. Auf welchem Wege dies geschieht, ist ausschließlich Sache des nationalen Gesetzgebers. Normvertretende Absprachen wie auch normkonkretisierende Verwaltungsvorschriften sind daher als nationale

---

500   EuGH EWS 1991, 313 ff. und 316 ff.

501   Vgl. hierzu *Vedder*, EWS 1991, 293 (295).

502   Vgl. *Everling*, RIW 1992, 379 (382).

503   Vgl. hierzu unten Kap. E IV 2.

504   So auch *Bleckmann*, a.a.O., S. 73; ebenso *Vedder* a.a.O., 293 (299).

Umsetzungsformen für EG-Richtlinien anzuerkennen, ohne daß es auf eine Differenzierung zwischen Richtlinien, die nur tatsächliches Verhalten verändern wollen, und solchen, die rechtsvereinheitlichend wirken wollen, ankäme[505].

IV. Formelle Grenzen normvertretender Absprachen

1. Innerorganschaftliche Zuständigkeit

Wie bereits gesehen, werden normvertretende Absprachen überwiegend von der Exekutive vereinbart. Sie verhandelt über den Verzicht auf das ihr zustehende Gesetzesinitiativ- bzw. Rechtsverordnungserlaßrecht. Jedoch stellt sich die Frage, wer innerhalb der Exekutive derartige Absprachen schließen kann, des weiteren, ob der Betreffende Zustimmungserfordernissen anderer Exekutivorgane unterliegt.

Soweit formelle Gesetze betroffen sind, steht nur der Bundesregierung als Gesamtheit das Gesetzesinitiativrecht gem. Art. 76 GG zu. Dementsprechend kann auch nur die Bundesregierung auf ihr Initiativrecht verzichten, eine Delegation der Verhandlungsführung und die Ermächtigung zum Abschluß der Absprache auf einzelne Minister erscheint allerdings zulässig, soweit hinreichend Informations und Kontrollrechte durch das Bundeskabinett und den Bundeskanzler gewahrt sind.

Gleiches gilt auch für rechtsverordnungssubstituierende Absprachen, soweit die Bundesregierung zum Erlaß von Rechtsverordnungen ermächtigt ist.

Ob das Bundeskabinett den verhandelnden Bundesminister förmlich ermächtigen muß oder ob es genügt, daß eine Unterrichtung des Kabinetts vor Aufnahme und vor Abschluß der Verhandlungen erfolgt[506], kann dahinstehen, da es dem Bundeskabinett unbenommen bleibt, durch Beschluß den Abschluß der Absprache zu

---

505 So aber *Oebbecke*, DVBl. 1986, 793 (797), dessen Differenzierung auch als praktisch undurchführbar erscheint, da das Ziel jeder Richtlinie die Rechtsvereinheitlichung und die Vereinheitlichung der tatsächlichen Handhabung ist.

506 So *Bohne*, VerwArch 75 (1984), 343 (363 f.), unter Hinweis auf § 15 b und c Geschäftsordnung Bundesregierung sowie § 68 GGO Abs. 2.

verhindern oder dem Minister neue Vorgaben zu machen. Die originäre Zuständigkeit der Regierung bleibt auf jeden Fall gewahrt.

Soweit einzelne Minister zur Rechtsverordnungssetzung befugt sind, sind diese grundsätzlich allein zur Verhandlungsführung und zum Abschluß der Absprache ermächtigt. Jedoch bestehen, soweit es sich um allgemeinpolitisch bedeutsame Angelegenheiten handelt[507], Informationspflichten gegenüber dem Kabinett.

Da es sich um einen förmlich zu beschließenden Verzicht auf Gesetzesinitiativ bzw. Gesetzgebungsrecht handelt, sind auch die übrigen formalen Voraussetzungen für das Zustandekommen von Beschlüssen der Bundesregierung zu beachten. Soweit dies unter Hinweis auf die für den Erfolg von Absprachen erforderliche Flexibilität bestritten wird[508], wird übersehen, daß rechtsstaatliche Verfahrensanforderungen nicht unter Berufung auf reine Praktikabilitätsgesichtspunkte ignoriert werden können.

2. Veröffentlichungspflicht

Unter dem Gesichtspunkt der aus dem Rechtsstaatsprinzip abgeleiteten Gebote der Rechtssicherheit, Normenklarheit und Bestimmtheit wird den normvertretenden Absprachen immer wieder ihre Öffentlichkeitsdistanz zum Vorwurf gemacht[509]. Auch der Drittbetroffenenschutz leidet darunter, daß ein möglicherweise betroffener Dritter vom Absprachewortlaut der normvertretenden Absprache nicht ohne weiteres Kenntnis erlangen kann. Daher wird immer wieder die Veröffentlichungspflicht für normvertretende Absprachen gefordert[510]. Begründet wird dies mit

---

507   *Bohne*, a.a.O., 343 (363), geht davon aus, daß umweltpolitische Rechtsverordnungs-ermächtigungen stets von allgemeinpolitischer Bedeutung sind, da eine Entscheidungs-verlagerung von der Legislative auf die Exekutive stattgefunden habe, so daß, um die Richtlinienkompetenz des Bundeskanzlers gem. Art. 65 GG zu wahren, stets eine Kabinettsverantwortlichkeit anzunehmen sei.

508   So *Bohne*, VerwArch 75 (1984), 343 (364).

509   Vgl. *Grüter*, Kooperationsprinzip, S. 125; ebenso *v. Zezschwitz*, JA 1978, 497.

510   Vgl. nur *Bohne*, VerwArch 75 (1984), 343 (364 f.).

den rechtsstaatlichen, sich aus Art. 20 Abs. 1 und 2 GG ergebenden Anforderungen[511].

Gemäß Art. 82 GG sind Gesetze und Rechtsverordnungen zu veröffentlichen. Hieraus könnte man den Umkehrschluß ziehen, daß gesetzesersetzende Absprachen dieser Veröffentlichungspflicht nicht unterlägen. Hiergegen spricht jedoch, daß der Verfassungsgeber das Rechtsinstitut der normvertretenden Absprache bei der Abfassung von Art. 82 GG nicht vor Augen haben konnte. Richtiger erscheint, auf die allgemeinen rechtsstaatlichen Grundsätze abzustellen, um die Frage nach einer Veröffentlichungspflicht beantworten zu können. Die Publikationspflicht administrativer Normen ist heute als rechtsstaatlich geboten generell anerkannt[512]. Zweck des aus dem Rechtsstaatsprinzip abgeleiteten Veröffentlichungsgebotes für Rechtsnormen ist, daß jeder Betroffene sich verläßlich Kenntnis von ihrem Inhalt verschaffen kann[513]. Das Veröffentlichungsgebot darf, um dieses Recht der Betroffenen zu sichern, nicht durch den Abschluß normvertretender Absprachen umgangen werden. Die schützenswerten Belange von Drittbetroffenen sind auch hier zu berücksichtigen[514]. Daher besteht die allgemeine, aus dem Rechtsstaatsprinzip abgeleitete Pflicht, den Drittbetroffenen die normvertretende Absprache in angemessener Weise zugänglich zu machen. Wie der Veröffentlichungspflicht Rechnung getragen wird, ist verfassungsrechtlich nicht vorgegeben[515].

Diese Veröffentlichungspflicht verhindert auch nicht etwa den Erfolg normvertretender Absprachen, sondern fördert ihn vielmehr, da sie eine Erfolgskontrolle für die normvertretenden Absprachen durch die interessierte Öffentlichkeit ermöglicht und so den Zwang zur Durchführung der normvertretenden Absprachen verstärkt[516].

---

511   Vgl. *Bohne*, a.a.O.

512   Vgl. nur BVerfGE 17, 192 (193); 65, 283 (291); *Kirchhof,* DÖV 1982, 397 ff.; *Schmidt-Aßmann*, in: Isensee/Kirchhof, Handbuch des deutschen Staatsrechts, Bd. I, S. 1028.

513   So die ständige Rechtsprechung des BVerfG; vgl. nur BVerfGE 65, 283 (291).

514   Vgl. hierzu oben Kap. E III 2.

515   Vgl. BVerfGE 65, 283 (291).

516   vgl. hierzu oben Kap. B IV 2.

Im Ergebnis ist daher festzuhalten, daß normvertretende Absprachen der Veröffentlichungspflicht unterliegen; jedoch steht es im Ermessen der Beteiligten, in welcher Form sie den Wortlaut der Absprache interessierten Kreisen zugänglich machen.

F. Rechtsschutzmöglichkeiten

I. Im Verhältnis zwischen den Absprachepartnern

Rechtsschutz kann im Verhältnis zwischen den Absprachepartnern in zweierlei Hinsicht erforderlich werden: Einerseits kann sich der private Absprachepartner gegen seines Erachtens rechtswidrige staatliche Einflußnahmen zur Wehr setzen wollen, andererseits können die Beteiligten nach dem Abschluß einer Absprache um die Erfüllung der Absprache bzw. die Durchsetzung der oben dargestellten[517] Rechte und Pflichten streiten.

1. Rechtsschutz gegen die staatliche Einflußnahme

Soweit die Einflußnahme staatlicher Stellen, z.B. deren Drohungen, Gegenstand gerichtlicher Kontrolle würden, gäbe es keine Besonderheiten gegenüber sonstigem faktischem Staatshandeln. Für die privaten Beteiligten käme als Rechtsschutzmöglichkeit eine allgemeine Leistungsklage in der Form der Unterlassungsklage oder eine Verfassungsbeschwerde gem. Art. 93 Nr. 4a GG in Betracht. Insoweit unterscheiden sich die staatlichen Einflußnahmen nicht von staatlichen Warnungen und Empfehlungen, für die die Zulässigkeit des Verwaltungsrechtswegs unbestritten ist[518].

---

517   Vgl. Kap. D.
518   Vgl. nur BVerwGE 87, 37 ff.

2. Durchsetzung der sich infolge des Abschlusses einer normvertretenden Absprache ergebenden Rechte und Pflichten

Da, wie oben gezeigt[519], normvertretende Absprachen sich nicht im rechtsfreien Raum bewegen, sondern vielmehr Rechtsverhältnisse begründen, gilt die Rechtsweggarantie des Art. 19 Abs. 4 GG auch für sich aus normvertretenden Absprachen ergebende Rechte und Pflichten. Bereits geklärt ist die Zuordnung der eventuellen Streitigkeiten zum öffentlichen Recht[520], so daß nur noch die Frage zu stellen ist, ob die Rechte und Pflichten im Wege einer verfassungs- oder verwaltungsrechtlichen Streitigkeit durchgesetzt werden können.

Gemäß § 40 Abs.1 VwGO ist der Verwaltungsrechtsweg in allen öffentlich-rechtlichen Streitigkeiten nichtverfassungsrechtlicher Art eröffnet. Eine verfassungsrechtliche Streitigkeit ist eine Streitigkeit zwischen am Verfassungsleben unmittelbar beteiligten Rechtsträgern um die ihnen, in ihrer Eigenschaft als solche, aufgrund von Verfassungsrecht zukommenden Rechte, Pflichten und Kompetenzen[521]. Normvertretende Absprachen werden zwischen staatlichen Stellen, die meist Verfasungsorgane sind, und privaten Absprachepartnern geschlossen. Die privaten Absprachepartner sind keine unmittelbar am Verfassungsleben beteiligten Rechtsträger. Streitigkeiten, an denen sie beteiligt sind, können daher bereits aus diesem Grunde keine verfassungsrechtlichen sein. Darüber hinaus geht es, soweit um die Erfüllung der normvertretenden Absprachen gestritten wird, weder zwischen dem Staat und den privaten Absprachepartnern noch zwischen diesen im Kern um Verfassungsrecht, sondern vielmehr um den Vollzug der normvertretenden Absprachen. Gegenstand des Streites wäre nicht die vereinbarte Absprache selbst, die aufgrund ihrer normsubstituierenden Wirkung im Kern dem Verfassungsrecht zuzuordnen wäre, sondern ihre verwaltungsmäßige Abwicklung[522]. Dies gilt sowohl für Streitigkeiten zwischen den beteiligten staatlichen Stellen und den privaten Abspra-

---

519 Vgl. oben Kap. C II 2 b und C III.

520 Vgl. oben Kap. C IV.

521 Vgl. hierzu nur *Kopp*, VwGO, Rdnr.32 zu § 40 VwGO.

522 Ähnlich gelagert war der Rechtsstreit über die Erfüllung des Staatsvertrages über die Vergabe von Studienplätzen, bei dem ebenfalls eine verwaltungsrechtliche Streitigkeit angenommen wurde; hierzu BVerfGE 42, 103 (114).

chepartnern als auch für Streitigkeiten zwischen den privaten Partnern, da auch das Verhältnis zwischen diesen dem öffentlichen Recht zuzuordnen ist. Eine Streitigkeit über den Vollzug einer normvertretenden Absprache wäre somit als verwaltungsrechtliche zu betrachten.

Notwendig erschiene allerdings, für diesen Fall in entsprechender Anwendung von § 50 VwGO die erstinstanzliche Zuständigkeit des Bundesverwaltungsgerichts zu begründen, da eine derartige Streitigkeit, an der möglicherweise über das ganze Bundesgebiet verteilte Absprachepartner und die Bundesregierung beteiligt wären, nur vom Bundesverwaltungsgericht angemessen entschieden werden könnte.

II. Im Verhältnis zu anderen staatlichen Stellen

Soweit durch eine normvertretende Absprache in die Kompetenzen eines Landes (bzw. des Bundes soweit ein Land Absprachepartner ist) oder anderer oberster Bundesorgane eingegriffen würde, stünden den Betroffenen die in Art. 93 GG vorgesehenen Verfahren als Rechtsschutzmöglichkeiten zur Verfügung.

III. Im Verhältnis zu Drittbetroffenen

Von besonderem Interesse ist der Schutz Dritter, die sich durch die Absprache in ihren Grundrechten beeinträchtigt sehen. Auch für sie kommen der verwaltungsrechtliche Rechtsschutz oder die Verfassungsbeschwerde gem. Art. 93 Nr. 4a GG als geeignete Rechtsschutzformen in Betracht. Wie oben gesehen, handelt es sich beim Abschluß und der Durchführung normvertretender Absprachen um die Ausübung öffentlicher Gewalt. Dies gilt auch, soweit die privaten Absprachepartner in die Absprache einbezogen sind, ja sogar für den Fall, daß die Absprache scheinbar private, nur zwischen den beteiligten privaten Unternehmen geschlossene Vereinbarungen nach sich zieht. Alle Absprachen sind, wie oben gesehen[523], als einheitlicher Vorgang zu werten und insoweit öffentlich-rechtlichem Rechtsschutz zugänglich.

---

523   vgl. Kap. C III 3 und IV.

Fraglich ist, ob neben der den Drittbetroffenen unzweifelhaft eröffneten Verfassungsbeschwerde auch der Verwaltungsrechtsweg gegeben ist. Normvertretende Absprachen ersetzen Gesetze. Hätten die beteiligten staatlichen Stellen anstelle der Absprachen Gesetze erlassen, wäre der Weg zu den Verwaltungsgerichten nicht eröffnet, da vor den Verwaltungsgerichten legislatives Unrecht nicht unmittelbar angegriffen werden kann. Normvertretende Absprachen sind jedoch trotz ihrer normsubstituierenden Wirkung keine Gesetze, sondern bleiben schlicht hoheitliches Staatshandeln[524]. Gegen schlicht hoheitliches Staatshandeln steht Drittbetroffenen unstreitig der Verwaltungsrechtsweg offen. Ein sachlicher Grund, den Verwaltungsrechtsweg zur Kontrolle normvertretender Absprachen nicht zu eröffnen, ist nicht ersichtlich. In Betracht kommt als Klageart vor Abschluß der normvertretenden Absprache die allgemeine Leistungsklage in der Form der vorbeugenden Unterlassungsklage, nach Abschluß der normvertretenden Absprache die Feststellungsklage und, soweit noch Vollzugshandlungen erforderlich sind, die allgemeine Leistungsklage in der Form der Unterlassungsklage.

Neben diese verwaltungsrechtlichen Ansprüche treten Schadensersatzansprüche wegen rechtswidrigen Staatshandelns, für die gemäß § 839 BGB in Verbindung mit Art. 34 GG der Rechtsweg zu den ordentlichen Gerichten eröffnet ist.

G. Schlußbetrachtung

Die vorliegende Untersuchung hat gezeigt, daß sowohl unter dem Gesichtspunkt der Zweckmäßigkeit wie auch unter dem Gesichtspunkt der Rechtmäßigkeit normvertretende Absprachen nicht als Allheilmittel für staatliche Defizite im Bereich des Erlasses und der Durchsetzung von Rechtsnormen gesehen werden können. Vielmehr kann nur im Einzelfall durch Abwägung zwischen den sowohl im Tatsächlichen wie auch im Rechtlichen bestehenden Vorzügen und Nachteilen normvertretender Absprachen im Vergleich zu Gesetzen entschieden werden, ob eine normvertretende Absprache besser als ein Gesetz zur Regelung eines bestimmten Sachverhaltes geeignet ist.

---

524   Vgl. oben Kap. C I 2.

Damit verbunden ist die Antwort auf die in der Literatur[525] aufgestellte Behauptung, die normvertretenden Absprachen hätten als "weicheres" Mittel gegenüber dem Gesetz einen Vorrang. Dies könnte nur dann der Fall sein, wenn es ein sogenanntes "Deregulierungsprinzip" als vorrangiges Prinzip gäbe oder aufgrund des Gebotes der Verhältnismäßigkeit staatlichen Handelns der Rückgriff auf solche "weicheren" Mittel geboten wäre.

Eine solche Betrachtung wäre jedoch nur dann möglich, wenn zwischen der Handlungsform der normvertretenden Absprache und der Handlungsform des Gesetzes ein Stufenverhältnis bestünde, so daß die beiden Handlungsformen unter dem Gesichtspunkt der Verhältnismäßigkeit verglichen werden könnten. Dies ist jedoch nicht der Fall; es handelt sich, wie *Oebbecke* zu Recht formuliert, bei den normvertretenden Absprachen nicht um ein Minus gegenüber Gesetzen, sondern um ein Aliud[526]. Normvertretende Absprachen sind unter anderen rechtlichen Kategorien zu überprüfen als Gesetze. Sie sind auch, wie oben gezeigt[527], bei weitem nicht immer das mildere Mittel gegenüber einem Gesetz, sondern können nach Eingriffsintensität und -dauer durchaus die Wirkungen eines gleichmäßiger und berechenbarer wirkenden Gesetzes überschreiten.

Es muß daher im Rahmen der von der Verfassung gezogenen Schranken eine politische Entscheidung bleiben, ob der Staat den Weg der normvertretenden Absprache oder den Weg des Gesetzes zur Durchsetzung seiner Vorstellungen verwendet. Nur der flexible Einsatz verschiedener Handlungsinstrumentarien wird den immer komplexer werdenden Strukturen unserer Gesellschaftsordnung gerecht. Es wäre daher falsch, normvertretende Absprachen zu verdammen, aber ebenso falsch, sie als allein richtigen Weg in die Zukunft zu preisen. Regierungsprinzipien wie das Prinzip der Deregulierung sind politische Prinzipien, die als solche ihren guten Sinn haben, sie zu rechtlichen Prinzipien zu erheben, verbietet sich jedoch.

---

525   Vgl. v. *Lersner*, Verwaltungsrechtliche Instrumente, S. 10; und *Becker*, DÖV 1985, 1003 (1007); unter Hinweis auf eine entsprechende Richtlinie der bayerischen Staatsregierung.

526   Vgl. DVBl. 1986, 793 (799); ebenso v. *Zezschwitz*, JA 1978, 497 (504).

527   Vgl. Kap.E II 1 a.

Ist man aber bereit, Grenzen und Risiken der normvertretenden Absprachen zu akzeptieren, hat der Staat ein neues Handlungsinstrumentarium gewonnen, das einen zusätzlichen Weg zur Bewältigung der komplexen Zukunftsaufgaben eröffnet.